취업하는 MZ세대
채용하는 X세대

책으로 만나는 취업컨설팅

임연빈 지음

취업 하는
세대

채용하는
세대

책으로 만나는 취업컨설팅

프롤로그

2017년 9월 28일, 이 책의 초고가 완성되었다. 그리고 5년이 훌쩍 지난 지금에서야 비로소 책으로 엮을 수 있게 되었다. 취업상담을 활발히 하던 그 당시, 나는 취업준비생들의 공통된 고민과 질문을 주제로 블로그에 포스팅을 하였고, 이 포스트들을 묶어서 책으로 내고자 마음을 먹었다. 그러나 다소 팍팍한 삶을 살았던 탓에 시간은 쏜살같이 흘러가 이제야 다시 노트북을 펼치게 되었다.

취업정보 차고 넘치지만, 나를 위한 정보는 없다.
지금도 온라인 취업커뮤니티를 둘러보면 우리는 다양한 취업정보들을 마주할 수 있다. 기업분석, 면접후기, 선발절차, 자소서 작성방법 등 그 정보의 양은 실로 방대하다. 그러나 같은 소재를 다양한 시선으로 해석함으로써 취업준비생들에게는 오히려 혼란을 가중시키기도 하고, 취업전문가의 분석보다는 취업준비생들 간의 소통구조로 인하여 왜곡되는 현상이 생기기도 한다. 이 책 또한 다양한 의견 중에 하나일지는 모르나, 혼란스러운 부분을 논리적으로 정리하기 위해 최대한 노력하였다.

스킬 보다 마인드셋이 중요하다.
대부분의 취업서적들이 '자소서 작성방법'과 '면접스킬'을 중심으로 발간되고 있다. 기업의 선발과정에서 필수적으로 통과해야 하는 부분이기에 결코 간과할 수 없는 영역이지만, 이 책은 취업준비생의 마인드셋 관점에서 '취업전략'과 '구직활동'을 중심으로 작성되었다. 좋은 스킬 만을 가지고 진화하는 취업시장에서 결코 좋은 성과를 이룰 수 없다. 그러나

올바른 마인드셋을 가진다면 시장의 변화와 함께 스스로 취업 스킬을 성장시키는데 큰 도움이 될 수 있다.

취업전문가와의 쉰 번의 대화

이 책은 취업준비생이 궁금해하는 50가지의 질문에 대해서 자연스럽게 답변하는 방식으로 구성하였는데, 이는 실제 취업컨설팅 서비스를 하면서 피담자에게 들려주었던 이야기들을 기반으로 하고 있다. 취업시장의 변화에 따라 일부 각색된 부분이 있으나, 언론이나 강의에서 이야기되었던 것보다 현실적으로 전달하기 위해 노력하였다.

MZ세대의 고민을 듣는 X세대의 이야기

근래 '세대 간 갈등'은 눈에 보일 정도로 양극화되는 느낌을 받곤 한다. 필자는 오랜 시간 귀를 열기위해서 무던히 많은 노력을 해왔다. 나의 활동범위가 대학생, 취업준비생, 20대 기업 실무진 등 MZ세대와 마주할 수밖에 없었기 때문이다. 그리고 상호간의 인정과 존중만이 그 양극화 현상을 해소할 수 있다고 믿고 있다. 이 책은 취업하고자 하는 MZ세대와 그들을 채용하고자 하는 X세대의 소통경로 중 하나이고, 양 세대 간 극에 서서 모두에게 들으라 외치는 작은 목소리이다.

절벽에 내몰린 그들

최근 10년간의 청년실업 문제는 대한민국을 변화시켰고, 고용창출의 한계를 느꼈던 우리사회는 청년창업이라는 달콤한 제안으로 그들을 위로 하려 했다. 기업의 가파른 성장속도에 경력직 선호현상은 심화되었고, 신입채용은 그 횟수마저 줄어들고 있는 실정이다. 그래서 경력직이라는 이력서 한 줄은 이직의 강력한 힘으로 작용하고, 더 좋은 직장으로의 러쉬가 끊임없이 이뤄지고 있다. 지속되는 인구절벽 현상으로 일본처럼 신입사원 품귀현상이 우리나라에서도 생길 것이지만, 향후 몇 년간 신입채용 시장은 현재 상태를 유지할 가능성이 크다. 좋은 대학을 가면 탄탄대로를 걷던 것과 달리 지금은 좋은 회사로의 취업이 커리어의 성공을 결정 짓는 중요한 잣대가 되었고, 가족과 지인들의 기대심리는 취업준비생에게 큰 부담으로 작용되고 있다.

성공적인 취업을 이미 이루었거나, 스스로 그 방법을 찾은 이들이라면 이 책을 반드시 읽을 필요는 없다. 그러나 취업준비를 해 본 경험이 없어서 무엇을 해야 할지 모르거나, 지속적인 광탈로 인하여 재정비가 필요한 이들이라면 기꺼이 이 한권의 책을 권하고 싶다. 그리고 그들이 지금과는 다른 새로운 시선으로 취업을 바라보았으면 한다.

2022년 6월

임 연 빈

[서류전략] 상상하게 되는 글 116

[면접전략] 연기보다 자연스러움 144

[취업전략]

No 전략, No 취업

졸업유예가 취업에 유리하다고 들었습니다.

4년간의 노력이 결실로 이루어져야 할 순간, 졸업!

특별한 이유가 없다면 마다할 이유가 없었던 졸업!

바야흐로 대량 청년실업 시대에 살며 취업에 성공하지 못한 대학생에게
는 "졸업"이라는 단어는 이제 기피단어가 되었다. 우리는 취업정보 사이
트(혹은 카페)에서 '졸업을 해야 하는지 유예해야 하는지' 질문하는 글들
을 심심찮게 찾아볼 수 있다. 더욱이 대학에서는 졸업유예를 하나의 제
도로 인정하고 있어 오늘 날의 시대에서 졸업유예는 대학원 진학과 함께
많은 취준생들의 피난처가 되고 있다.

졸업유예에 대한 취준생들의 의견들은 어떠할까?

개인의 선택에 달려있다는 전제하에 많은 사람들이 졸업유예에 찬성하
고 있으며, 또 실제로도 졸업유예를 실행하는 사람들이 절대 다수이다.

-심지어 스펙을 위한 휴학과 더불어 졸업과 취업 전에 졸업유예를 선택하는 것을 일반화하려 한다- 하지만 졸업유예가 우리의 취업에 미치는 다양한 영향에 대해서 심각히 고려해 볼 필요가 있다.

졸업유예의 장단점

졸업유예의 가장 큰 장점은 취준생의 심리적 안정감을 유지시켜 준다는 점이다. 대학의 학적을 유지함으로써 일명 '청년백수'가 아닌 '대학생과 취준생'이라는 타이틀을 보존함으로써 심리적 압박감에서 조금은 벗어날 수 있다. 그리고, 인턴십 채용에 있어 응시를 할 수 있는 자격요건 또한 유지될 수 있지만, 최근에는 3학년을 대상으로만 인턴채용을 하는 경우가 늘고 있어 이마저도 장점에서 배제해야 할 상황이다. 그렇다면 단점은 무엇일까? 필자가 생각하는 단점은 앞서 거론한 심리적 안정감 외에는 졸업유예에 대한 특별한 장점이 없다는 것이 가장 큰 단점이다. 다시 말해, 개인의 심리적 압박감을 완화시킨다는 것 외에는 특별히 취업에 공헌하는 바가 없다는 것이다. 그렇다면 지금부터는 졸업유예의 단점 또는 실익이 없다는 관점에서 하나씩 그 이유를 살펴보도록 하자.

심리적 스트레스는 정말 크게 감소될까?

무엇인가 적(소속)을 두고, 스펙 쌓기에 열중하면서 패배감보다는 미래에 대한 기대를 가질 수 있다. 하지만, 그러한 것이 총체적인 취업에 대한 불안감마저 잠재우는 것은 아니다. 비록 졸업유예가 스펙을 준비하는 과정이지만, 당장 현재의 상태로 취업에 쉽게 다가설 수 없기 때문에 불안감이 존재할 수밖에 없다. 또한 안정감과 반대로 나태함을 초래할 수도 있다. 노동시장에 나서는 사람(취업활동을 하는 사람)과 그렇지 않은 사람(취업활동 없이 준비만 하는 사람)은 취업의 긴급성이 달라질 수밖에 없기 때문이다.

구직긴급성이 높은 대부분의 취준생들은 노동시장에서의 취업목표를 달성하기 위해 취업준비(스펙쌓기)와 구직활동을 동시에 하고 있다. 졸업유예자가 스펙쌓기 90%, 입사지원 10%의 노력을 배분하고 있다면, 구직활동자는 스펙쌓기 50%, 입사지원 50%의 노력을 쏟고 있다는 의미이다. 여기서 정신력, 긴장감, 긴급성의 차이가 발생하여, 두 집단 간의 스펙의 변화는 크게 다르지 않다. 졸업유예생이 되어서 하나, 졸업 후 입사지원을 하면서 하나 별반 차이가 없다는 뜻을 의미한다. 이러한 논리를 반증하는 연구결과는 이미 수많은 논문들을 통해서 발표되었다.

취업재수생과 입시재수생은 비슷해 보이지만, 큰 차이점을 가지고 있다.

1년이라는 시간 동안 목표를 달성할 기회가 다시 주어진다는 것, 새로이 발생하는 경쟁자들과 더 치열한 경쟁한다는 점은 비슷하다. 다만, 대학입시와 달리 취업시장에서는 취업재수생이라는 꼬리표를 받게 되고, 이는 취업에 절대 긍정적으로 작용하지 않는다. 다시 말해, 지금의 스펙으로도 충분히 들어갈 수 있는 회사들을 자칫 '취업재수생'이라는 역효과로 입사 기회를 놓치는 실수를 할 수도 있다는 것이다. 뒤늦은 취업시장의 진입은 그 만큼 취업확률을 낮춘다는 이유에서라도 졸업유예의 결정은 당신이 생각하는 것 보다 훨씬 더 심각하게 받아들여져야 할 것이다.

졸업유예 기간에 당신은 무엇을 할 것인가?

당신이 취업을 못해서 '휴학과 졸업유예'를 당연하게 생각하고 있다면, 휴학 또는 졸업유예 기간 동안 무엇을 할 것인가? 대부분의 졸업유예생들은 인적성검사 준비의 일환으로 한자공부를 하거나, 취업스터디, 인턴십, 봉사활동, 토익준비, 공기업/공무원 시험준비 등으로 시간을 보낸다. 특정한 직무를 목표로 삼기보다는 남들이 하기 때문에 하는 일반적인 스펙쌓기에 꽤 많은 시간과 비용을 지출한다. 필자가 취준생들에게 가장 많이 하는 말 중의 하나는 '스펙쌓기를 하면서도, 입사지원은 할 수는 없는 것일까?'이다. 대부분의 졸업유예자들은 스펙쌓기를 선택과 집중이 필요한 전략으로 인식한다. 내재된 불안감 때문에 조금 더 완벽한 취업준비를 통해 취업시장에 나서기를 원하기 때문이다. 아이러니하게도 그러한 마음과 의지 때문에 장기 구직자로 전락하는 경우가 허다하다. 이것이 졸업유예기간에 당신이 무엇을 하든, 취업을 할 수 있는 조건이 된다면 우선적으로 입사지원부터 시작해야 하는 이유 중 하나이다.

당신은 면접에서 휴학과 졸업유예의 기간을 어떻게 설명할 것인가?

기업에서 면접을 보다 보면, 휴학사유에 대해서 남들이 하니까 나도 한다라는 지원자들을 가끔 보곤 한다. 적어도 이 책을 읽는 취준생들은 이런 어처구니없는 답변을 하지 않기를 바란다. 필자는 수많은 면접에서 "남들이 하니까 나도 했다"라는 지원자를 단 한 번도 통과시켜 본적이 없다. 졸업유예나 휴학을 위한 명분은 직무에 필요하다는 가정하에 실무경험을 얻기 위한 인턴십이나 어학연수 정도가 적당한 사유가 될 것이다. 이러한 활동들은 시간적, 장소적 제한으로 학업을 계속 할 수 없기 때문에 공백기간에 대한 설명력이 높을 수밖에 없다. 하지만, 토익점수를 올리기 위해 6개월간 준비를 했다면, '당신은 남들이 토익점수를 관리할 때 무엇을 하셨나요?'라는 질문과 함께, 자기관리에 대해서 남들보다 한 박자 늦거나, 철저하지 못하다는 이미지를 면접관에게 안겨줄 것이다.

누구를 위하여, 무엇을 위하여 졸업유예를 선택하는가?
그렇다면 졸업유예의 가장 큰 수혜자는 누구일까? 이미 뉴스로 다루어진 바 있지만, 바로 대학이다. 대학의 평가척도로 사용되는 것 중의 하나가 바로 '취업률'이다. 취업률은 정부가 지원하는 교육사업지원금을 할당받는데 중요한 잣대로 사용될 뿐만 아니라 입시경쟁률에서도 큰 영향력을 행사한다. 졸업유예자는 취업률 산정대상에서 제외될 뿐만 아니라 유예기간 동안 일부의 등록금을 받음으로써 꿩 먹고, 알 먹고, 최고의 전략이 되는 것이다. 이 시대의 웃픈 현실 중 하나이다.

기업은 졸업예정자와 졸업자 구분에 관심이 없다.
대부분의 면접전형에서 처음 검토하는 것 중의 하나가 이력기간 중의 공백기간이다. 공백기간을 어떻게 보냈는가에 따라서 과거의 행적, 자기관리, 개인역량의 기반에 대한 다양한 정보를 유추할 수 있기 때문에 반드시 검토하는 부분이다. 대부분의 취준생들이 졸업예정자의 신분을 가지고 있는 것이 도움이 된다고 생각하는 이유 중의 하나는 인턴 및 신입사원의 모집공고에 가장 부합한다고 믿기 때문이다. 인턴의 경우에는 재학생으로 제한하고 있지만, 졸업유예자인 재학생이 서류전형에서 탈락되는 경우를 자주 볼 수 있다. 이는 정규직 전환 목적이 아닌 순수한 인턴 모집에 대한 의도를 가지고 있기 때문이다. 때문에 졸업유예가 인턴이나 신입사원 채용에 유리할 것이라는 것은 취준생들의 착각이고, 루머에 지나지 않는다. 대부분의 신입사원 채용공고의 지원대상은 '졸업예정자 및 졸업자'이지 그 어떤 곳도 '졸업예정자'만을 채용하는 경우는 없다.

지금까지 당신은 다양한 경로를 통해 졸업유예를 해야 하는 이유를 들어왔지만, 반대로 하지 말아야 할 이유는 자주 듣지는 못했을 것이다. 당신이 현재 졸업유예를 할지 말지에 대한 결정을 해야 하는 시점이라면, 지금이라도 다시 한번 심도 있게 고민 해 보기를 바란다.

2

학점이 낮아서 대기업 서류전형에 광탈하고 있습니다.

우리에게 '학점(GPA)'이란 지난 학교생활에 대한 척도이자 한 조직에서 쏟아 부은 열정과 성실한 활동의 결과로 알려져 있다. 그리고 이러한 학점의 수준이 서류전형 통과에 있어 지대한 영향을 미친다고 알고 있다. 이에 필자는 학점에 대한 새로운 두 가지 시점을 보여주고자 한다.

학점은 채용에 있어 아주 오래 전부터 형성된 서류합격의 기준이었다.

대다수의 노동시장이론(인적자본이론, 선별이론, 직무경쟁이론, 통계적 차별이론 등)들은 학력과 학점 등과 같은 교육수준들이 최초 취업에 있어 영향을 미친다는 관점을 제시하고 있다. 해외연구에서도 마찬가지로 학력과 학점은 취업의 강력한 기준으로 바라보고 있다. 취준생(생애 최초 구직자)은 경력구직자들과 달리 유사한 경력을 소지하고 있지 않기 때문에 필요한 역량측정과 그에 따르는 채용정보를 입수하는데 있어 매우 한계적이다. 그렇기에 학점은 서류전형의 중요한 기준이 되어 온 것이고, 우리가 학점을 관리함에 있어 많은 노력을 기울여야 하는 이유도 여기에 있다.

[참고자료] 연구동향 ──────────────────── ●●

　서류 선발과정의 목적은 구인직무에 필요한 역량을 갖춘 지원자(well-rounded)를 선별하는 과정(Werbel & Gilliland, 1999)이기 때문에, 지원자들은 채용평가에 있어 높은 수준의 평가를 받기 위하여 우월한 학력과 많은 대외활동, 폭 넓은 직무와 연관된 경험을 통해 역량에 대한 인상을 형성하고자 노력한다. 그러므로 대학생활 동안 입사를 위한 준비로 학력(degree)과 실습경험(field of study), 학점(GPA)에 대한 노력을 기울이는 것이다(Pascarella & Terenzini, 1991).

　학력은 채용담당자가 더욱 유심히 관찰하는 요인 중의 하나이며, 이러한 이력서상의 학력정보는 신입직원 선발(personnel selection for entry-level positions)하는데 있어 자주 사용되는 방법 중 하나이다(Rynes, Orlitzky & Bretz, 1997). 그리고 학점(GPA: grade point average)이 지성(intelligence), 동기(motivation)와 그 외의 직무와 필요한 능력들(other needed on the job)을 부분적으로 잘 반영하고 있다는 채용담당자들은 신념 때문에 선발조건에 있어 자주 사용된다는 주장도 존재한다(Roth & Bobko, 2000). 따라서 학점을 기재한 이력서가 그렇지 않은 이력서 보다 높은 평가를 받으며, 이중 높은 학점을 기재한 이력서가 낮은 학점의 이력서 보다 좋은 평가를 받는다고 할 수 있다(Oliphant & Alexander, 1982; Thoms et al., 1999).

학점 인플레이션 현상과 '평균 학점'에 대한 함정

오랫동안 선발과정의 척도로 사용된 학점이기 때문에 대부분의 취준생들은 졸업 수준을 넘어 최대한 높은 학점을 얻기 위한 노력(일명, 학점세탁 또는 학점업그레이드)에 많은 시간과 노력을 쓰고 있다. 그렇기에 대학 내의 재수강 제도가 저학점의 학생들에게 유용한 제도로 활용되어 전체 대학의 학점 인플레이션 현상을 만들어 내고 있다. 나아가 높은 학점을 취득하기 위해서, 대리출석 및 시험 아르바이트를 고용하는 경우도 있다고 한다. 이러한 사회적 현상을 기업의 채용담당자들은 뒷짐지고 구경만 하고 있을까? 항상 구직자들보다 한 발자국 앞서 있는 사람들이 바로 기업의 채용담당자들이다. 그렇기에 인플레이션 된 학점에 대해서 예전과 같은 기준을 들이대지 않는다. 연구결과에 따르면, 대기업의 합격자들의 평균학점은 3.73점으로 조사되었다. 물론 다른 연구조사들의 결과도 크게 다르지 않았다. 여기서 우리는 평균의 함정에 빠져있다는 것을 잊으면 안 된다. 평균과 합격점수는 엄연히 다른 것이다. 어떤 이들은 2.5점의 학점에도 대기업에 합격한다. 물론 대부분의 대기업들이 입사지원 최저학점 자격을 3.0점으로 설정하고 있기 때문에 대기업으로의 취업을 원하는 취준생이라면 3.0점 이상의 학점을 취득하여야 할 것이나, 4.0점 이상의 학점을 취득하기 위하여 많은 시간과 비용을 들일 필요가 없다는 것을 의미한다. 물론 서류전형의 점수화 정책을 취하고 있는 공기업은 예외로 한다(다만, 장기적으로는 공기업도 NCS 중심 채용 및 블라인드 인터뷰 정책이 보다 활성화되어 학점에 대한 견고한 기준은 약화될 것으로 보인다).

학점은 더 이상 성실과 열정의 척도가 아니지만, 자기관리의 척도는 된다.

정리하면, 학점이 과거처럼 강고한 채용기준은 아니나 최소의 지원자격의 수준만큼은 준비되어야 한다는 것이다. 그리고, 예전처럼 학창시절의 성실과 열정을 측정하는 절대적 기준이기 보다는 '자기관리"에 대한 관심과 노력으로 바라보는 것이 옳은 시선일 것이다.

만약 당신이 학점이 낮다는 이유로 대기업 서류전형에서 탈락하고 있다면 다음 두 가지 중 하나의 상황에 봉착해 있다는 것이다.

채용공고에 기재된 최저 기준보다 낮은 학점을 가지고 있거나, 학점이 아닌 다른 스펙의 문제임에도 불구하고 본인 스스로 인지하지 못하고 있다는 점이다. 때때로 지원자가 너무 많아 학점이나 어학점수를 기준으로 탈락(cut off)을 시키는 경우도 있지만, 인적성검사를 주요한 선별기준으로 활용하는 대기업에서는 일반적이지 않다. 그러므로, 낮은 학점의 이유만으로 서류에서 광탈한다는 것은 자신의 잘 못된 판단 일 수도 있으며, 나아가 스스로의 스펙 문제점을 면밀하게 파악하지 못하고 있는 것이다.

3

어학연수 꼭 필요한가요? 토익점수도 중요한가요?

직무와 상관도 없는 어학연수, 꼭 가야 하나?

대한민국의 취준생들에게 가장 많은 시간과 비용을 쓰게 하는 것은 아마도 어학과 관련된 스펙준비 일 것이다. 연간 수 천 만원이 들어간다는 취업준비에 있어서도 어학원의 수강료가 많은 부분을 차지하고 있다. 시간, 노력, 비용을 고려했을 때, 국내의 취준생들은 해외유학생들을 가장 부러워하곤 한다. 적어도 어학에 대한 추가적인 시간과 노력을 아낄 수 있기 때문이다. - 그러나 최근에는 미국유학생보다 더 뛰어난 영어능력을 과시하는 국내 학생들도 많이 있다 - 어학역량을 향상시키기 위해서 적게는 수백, 많은 수 천 만원의 학원 및 연수비용을 지불해야 하는 것이 현실이다. 이는 부의 대물림 현상과 같이 사회적 불평등을 일으키는 요소로 느껴지기도 한다. 이렇게 취준생들에게 큰 부담을 지우는 어학 스펙에 대해서 취준생들은 기업들에게 정말 필요한 것인지 수 없이 질문을 던져

보지만, 취준생들이 인정하고, 이해할 만한 수준의 대답은 여지껏 들을 수 없었다.

필자는 강연이나 컨설팅 활동을 하면서, 어학 스펙에 대한 생각을 다음과 같이 전하곤 했다.

"수출형 산업을 중심으로 성장하는 대한민국에서 국내고객(시장)만을 바라보는 기업을 그렇게 많지 않아요. 만약 내수중심의 산업에 종사를 할 것이고 앞으로도 그럴 것이라면 영어는 그다지 중요한 기준이 되지 않습니다. 하지만, 어떠한 직무를 하더라도 글로벌 시장에서 활동하는 기업이라면 직무를 막론하고 영어를 사용할 기회가 언젠가 발생합니다. - 글로벌 기업일수록 해외출장 및 주재원으로 근무를 할 수 있어요. 이는 직무를 구분하지 않고 산업, 기업마다 필요할 때가 있습니다. 저 또한 해외수출형 기업에서 인사팀장으로 근무를 하면서, 미국출장을 자주 경험했었습니다. - 간혹 찾아오는 기회가 있을 때, 잡을 수 있는가는 개인의 역량이 미리 준비되었는지에 따라 달라지겠지요. 이러한 개인의 커리어적인 이유를 떠나 기업의 입장에서 근로자의 역할 확대의 측면을 고려한다면, 제2외국어가 가능한 구직자를 선호하는 것이 일반적입니다. 그렇기에 경력자(노동시장에서)도 영어가 가능한 지원자를 선호하며, 사내에서도 어학시험을 승진시험에 반영하기도 하는 것입니다."

피할 수 없었다. 영어 그 놈.

어릴 때부터 강조되어 온 영어교육이 오랫동안 과열되다 보니, 이제는 기본적으로 갖추어야 할 스펙이 되어버린 세상이 되었다. 필자 또한 기업에 근무할 당시, 영어에 대한 콤플렉스를 자주 경험하였다. 인사팀장으로써 미국지사에 있는 미국인 근로자를 관리할 일이 많았기 때문에 어학문제를 피해갈 수 없었다. 부하직원들은 전부 유학파이거나 어학연수를 다녀온 친구들이기에 그때만큼은 누구보다 더 영어에 대한 간절함이 있었다. 다행히도 박사과정 연구기간 동안 미국에서 꽤 오랜 시간을 보낼 수 있어서 영어에 대한 갈증은 조금 해소가 되었지만, 대학에서의 강의와 사업을 하고 있는 지금도 영어는 중요한 역량적의 요소가 되고 있다. 지난시간을 돌이켜보면, 영어를 피하며 살아갈 길을 무던히도 다양하게 모색해 왔다. 그렇지만, 회사 일을 너머서 자녀교육에 이르기까지 영어는 돌아갈 수 없는 길이 되었다는 생각이 이제는 새로운 신념으로 자리잡게 되었다.

기회가 주어진다면, 도전하자!
지금까지 저자가 이렇게 구구절절 개인적인 이야기를 늘어놓은 이유는 단 하나이다. 어학연수를 다녀올 수 있는 기회가 주어진다면 주저하지 말고 다녀오라는 이야기를 하고 싶어서이다. 나에게는 그러한 기회가 30대 후반에 찾아왔지만 당신에게 지금 기회가 주어진다면 놓치지 말라는 당부를 하고 싶다.
정리하면, 수출주도형 산업을 영위하는 대한민국에서 영어는 피해갈 수 없는 길이 되었다는 것이며, 그 영향이 신입사원 채용을 넘어 기업에서 종사하는 동안 또는 사업을 영위하더라도 필요로 하는 경우가 많다는 것이다. 단, 주의해야 할 사항은 모든 산업과 직무에서 필요로 하는 것은 아니기 때문에 자신이 진출하는 커리어(직무)분야와 산업의 생태계를 고려하여야 한다는 점이다.

도대체 토익점수는 얼마나 높아야 하나?

이공계열 800점, 인문·사회계열 900점! 취준생들 사이에서 공공연하게 퍼진 출신계열별 합격기준 토익점수이다. 대학시절부터 우리나라 대학생들은 더 높은 토익점수를 취득하기 위해 어마어마한 시간과 비용을 지출하고 있다. 예전에 텔레비전 프로그램에서 어학점수 990점 만점자가 회화 테스트를 받는 장면을 본 적이 있는데, 결국 토익점수가 영어회화 능력을 증명하지 않는다는 것이 주된 내용이었다. 그럼에도 불구하고 토익점수는 언제나 취준생들에게 뜨거운 감자이다.

필자는 토익(토스)시험과 실제 원활한 회화능력을 균형적으로 보려고 노력하는 사람중 한 명이다. 결코 토익점수만을 신뢰하지는 않는다. 적어도 토익준비를 했던 취준생이라면 이 말에 이견이 없을 것이라 믿는다. 실제 회화능력이 좋으면 일정수준 이상의 토익점수를 쉽게 확보할 수 있고, 반대로 토익점수가 높으면 회화능력이 그렇지 않은 사람들보다 빨리 향상된다. 점수와 역량은 적어도 경쟁의 관계(선택의 관계)가 아닌 보완의 관계라고 생각하고 있다.

무엇이 나에게 더 남는 장사인가? 고민하자!

최근 취업컨설팅을 찾는 취준생들을 보면 870점의 토익점수를

900점대로 맞추기 위해 무던히도 애를 많이 쓴다는 것이 매우 안타까웠다. 최근에 학점과 더불어 토익점수도 인플레이션 및 과열현상이 눈에 띄게 늘고 있다. 높은 토익점수를 받기 위해 해외원정시험까지 마다하지 않는 풍토가 이를 잘 설명해 주고 있다.

내가 생각하는 토익점수의 적정선은 취준생들이 생각하는 점수의 -100점을 계산하면 적정하다고 믿고 있다. 또한 지금까지 수많은 취업컨설팅을 진행하면서 토익점수가 입사의 제약사항으로 이어지는 경우는 그렇게 많지 않았기 때문에 높은 점수를 취득하기 위해서 과도한 시간과 비용을 투자하는 것에 반대하는 편이다. 그리고 차라리 회화에 더욱 집중하라고 조언을 하는 편이다. 토익점수표는 단지 2년 동안 사용되지만, 회화는 평생 자신에게 남는 것이고, 대부분의 기업들도 회화에 강한 인재를 선호하기 때문이다.

스펙쌓기는 어디에 투자해야 할까요? 어학점수?
인턴, 자격증?

앞서 이야기한 바와 같이 취준생이 어떤 스펙을 준비할지에 대한 부분은 목표로 하는 산업과 기업, 직무에 따라서 스펙준비 전략이 달라진다. 이에 대한 자세한 이야기는 추후 직무설계와 관련한 이야기에서 다시 다루게 될 것이다. 이 책을 읽고 있는 많은 이들은 취업준비를 이제 막 시작하였거나, 이미 취업시장에서 많은 불합격을 경험하였을 것이라 생각된다. 그러므로 한정적인 시간 내에 자신의 스펙을 최대한 업그레이드하는 것이 목표이고, 그러한 노력들이 성공적인 취업에 긍정적인 영향으로 미치기를 원할 것이다.

남이 하는 것, 쉽게 하는 것, 오히려 스펙의 질을 떨어뜨린다.
6개월 이내의 짧은 기간 동안 이루어지는 스펙준비 중 가장 경계해야 할

부분은 (경쟁의식과 불안감으로 인하여)"남들도 하니까 나도 한다"는 식의 스펙쌓기이다. 토익점수가 그러하고, 한자시험, 중국어시험, 봉사활동, 공모전 등의 다양한 스펙활동이 그러한데, 이러한 스펙들이 취업에 필요하지 않다고 주장하는 것은 아니다. 다만, 자신의 커리어설계와 동일한 방향성을 가지고 있는지 항상 염두 해 두어야 한다는 것이다.

취업목표에 맞는 스펙들을 구성하고 준비하였을 때, 시기적으로도 질적으로도 높은 수준의 스펙을 만들게 되는 것이다. 즉, 직무에 직접적인 연관도 없는 다양한 스펙을 만드는 것보다 직무연계성이 높은 스펙을 선택적으로 집중하는 전략을 사용해야 한다는 것이다. 즉, '스펙의 질'을 생각하며 준비를 해야 한다는 것이다.

스펙 업그레이드! 실행에 있어 멀티능력이 필요하다!

특정 직무로의 입사를 준비하는 취준생들이 필요로 하는 스펙은 서너 가지가 넘는다. 여기서는 멀티능력을 필요로 한다. 대부분의 취준생들은 한 가지씩 집중하여 하나씩 순차적으로 이루어가기를 원한다. -토익점수를 맞춘 후, 한국사 자격증을 취득하고, 이후 유통관리사 자격증을 취득한다. 절대 동시에 하지 않는다. 그리고 그것을 선택과 집중이라고 한다. 위에서 언급한 선택과 집중은 불필요한 스펙에 시선을 주지 말라는 것이지, 하나만 선택해서 하라는 것은 결코 아니다. - 이렇듯 취준생들은 멀티플레이 전략이 아닌 단계별 전략을 사용하려 한다. 토익점수가 목표수준으로 완성되야 다음 단계인 인턴십 프로그램으로 넘어가는 방식인 것이다. 그러나 보니 공백기간은 점점 늘어나게 되고, 스펙준비라는 마음의 안정감이 구직 불안감(긴장감)을 낮게 만들고, 그 결과 구직활동 동기(적극성)도 떨어뜨리게 만드는 것이다. 즉 구직에 대한 열정이 나태해지게 되는 것이다.

취업은 단지 '최종합격'이라는 하나의 큰 산을 넘어가는 것이 아니다. 스펙, 자소서, 면접 등 아주 다양한 작은 산들을 넘어가는 것이다. 그리고 그 마지막 산이 최종면접 합격과 연봉협상이 되는 것이다. 우리에게 한 번에 하나씩 산을 넘어가기에는 시간이 너무 부족하다. 그렇게 해서는 경쟁자들보다 먼저 마지막 산을 넘을 수 없기 때문이다. 스펙준비에 있어서 '멀티플레이' 전략은 당신이 한 사람이 아닌 손오공처럼 여러 사람으로 변신하는 것이다. 그래서 여러 명의 손오공들이 당신을 대신하여 여러 산들을 함께 넘어가는 것이다.

스펙을 쌓는 과정에서의 생활(시간)관리

스펙을 쌓기 위한 멀티플레이 전략에 어려움을 겪고 있는 취준생들을 위해서 필자는 일정을 직접 계획해 주기도 한다. 만약, 당신에게 필요한 스펙들이 토익, 토스, 인턴십, 공모전이라고 전제해 보자. 그렇다면 필자는 다음과 같이 하루의 일정을 계획해 줄 것이다. -실제 컨설팅시 일정표는 30분 단위로 계획하며, 각 활동의 목표를 미리 정해 둔 상태로 시작한다. -

---

[주중]

06:30-08:00 기상/아침식사(아침뉴스 시청)

08:00-09:00 이동(단어/기출문제 숙지)

09:00-12:00 영어학원강의 수강 및 스터디그룹 활동

12:00-13:00 이동(중식 및 시청각자료)

13:00-18:00 인턴십

18:00-19:00 이동(공모전 자료검색)

19:00-21:00 석식 및 휴식

21:00-23:00 인터넷강의 및 정리공부

[주말]

토요일(09:00-18:00): 공모전 준비 및 미팅, 입사지원, 영어공부 등

집중화 시간

일요일: 휴식

일반적인 취준생들은 이러한 일정 중의 한 두 개 만 집중적으로 수행한다. '도서관에서 공부, 공부, 그리고 공부', '취업스터디+영어학원', '아르바이트+입사지원' 정도로 세트를 묶는다. 그리고는 자신이 취업에 대해서 최선을 다하고 있다고 이야기한다. 그러나 이 정도의 노력으로는 평범한 스펙에 도달하기 힘들다. 그리고 당신이 부러워할 만한 '다양한 스펙을 갖춘 취준생'은 내가 제시한 일정보다 더 많은 일들을 해내곤 한다. 때때로 그런 친구들을 보면서 필자 또한 자극을 받을 정도이며, 성공하는 친구들은 역시나 다른 레벨에서 살고 있음을 느낄 수 있었다.

'무조건 다양한 스펙'보다 '목표직무에 집중화된 여러 가지의 스펙'이 더

좋다는 것을 이제 더 이상 강조하지 않아도 당신은 이해했으리라 생각한다. 하지만 어느 정도의 수준으로 준비해야 하는지는 가슴 속 물음표로 여전히 남아 있을 것이다. 그에 대한 해답이 명확히 존재하는 것은 아니나, 몇 가지 대안을 제시하고자 하니 이를 참고하여 스펙 준비를 한다면 지금보다는 더 큰 도움이 될 것이라 믿는다.

나에게 어학점수는 중요한가?

우선 어학점수에 대한 가이드라인은 이미 위에서 제시하였다. 자신이 목표로 하는 어학점수가 과도한 수준은 아닌지 한 번 검토해 보고, 3-6개월의 기간을 통하여 중장기적으로 올릴 수 있는 어학점수를 목표로 잡는 것이 좋다. 물론 어학에 집중해 많은 시간을 보내라는 것이 아니다. 하루에 3시간 정도와 자투리 시간을 활용하는 방법을 고려해야 한다. 만약 대기업 공채 및 해외영업, 수출중심의 기업에 입사를 지원하는 것이라면, 필히 어학점수 가이드라인 이상의 점수를 확보해야 할 필요성이 있다. 반대로 어학능력이 그렇게 필요로 하지 않은 직무와 기업을 목표로 하였다면, 최선의 노력은 기울이되 특정수준의 어학점수에 얽매일 필요는 없다.

실무에 도움이 되는 인턴십인가?

인턴십 프로그램은 오래 전부터 의학분야에서 활용되어, 오늘날에는 기업과 학생, 학교의 참여를 통하여 상호간 이익뿐만 아니라 사회적 기여를 목적으로 시행되고 있다. 기업에서는 부족한 노동력을 보충하고, 우수 인재를 선발함으로써 채용에 대한 비용을 절감하고 인력양성을 위한 비용을 줄일 수 있다는 장점을 가지고 있다. 학생 또한 실제로 기업에서 필요로 하는 기술과 지식을 얻을 수 있어 미래에 수행하게 될 자신의 직무역량을 높일 수 있는 기회가 주어진다. 이러한 인턴십 프로그램의 장점에도 불구하고 취업시장에서의 인턴십은 늘 뜨거운 감자였다.

인턴십에 대한 기업들의 꿍꿍이

기업에서는 청년인턴을 채용할 경우 채용된 인턴에게 지급되는 급여의 50%에 대하여 고용노동부의 정책지원금으로 6개월 간 받을 수 있다. 모든 기업들이 이러한 이유로 인턴을 고용하는 것은 아니지만 6개월간 반값 아르바이트로 근로자를 사용할 수 있다면 이보다 좋은 일이 어디 있겠는가? 물론 고용노동부에서는 정규직 채용을 유도하기 위하여 정직원으로 채용할 경우, 지원금을 6개월간 추가지급하기도 한다. 이러한 정책을 활용하여 정식 채용을 고려하지 않는 단순한 사무직(사무보조)에 채용하면서 지원금을 받는 경우가 일의 질을 하락시키기도 하였다. -최근에는 유령기업을 설립하고 정부지원금을 가로채는 신종사기가 기승을 부릴 만큼 극성이기도 하다- 정책지원금의 문제가 일의 질을 하락시킨다는 것은 모든 인턴자리가 그러하다는 것이 아니므로, 필자의 추측에 불과하다. 그저 개연성이 존재한다고 주장하고 싶을 뿐이다.

기업이 인턴에게 허드렛일만 시키는 이유

인턴이라는 것이 임시직에 불과하기 때문에 직무적인 차원에서 높은 수준의 작업에 접근하기에 현실적인 어려움은 분명히 있다. -기업에서 인턴들에게 실무역량을 높이는 교육에 투자한다 하더라도 성과가 날 때 즈음에는 고용을 종료해야 하기 때문에 교육투자의 이유가 없는 것이다-

지난 10년 동안 취준생들에게 인턴십 프로그램의 활동사항을 질의해보면, 은행에서 경비업무를 본다던가, 유통서비스기업(대형마트)에서 고객에게 (맞이)인사를 하는 업무, 물류회사에서 물품을 정리하는 것, 소비재 및 서비스 회사에서 온라인 마케팅(블로그/페이스북/카페 운영), 자료정리 등이 거의 대다수를 이룬다. 기업조직 분위기를 익히는 데에는 분명 도움이 되겠지만, 직무역량을 성장시키는 데에는 한계적일 수밖에 없는 것이다.

취업을 위한 인턴십 전략

취업전략 상 인턴십이 대기업, 공기업의 채용전형에서 유리한 요소가 있기는 하지만, 자신의 목표 직무에 연계된 인턴십을 선택하는 것이 매우 중요하다. 그럴 수만 있다면 인턴십을 수행하는 곳이 비록 중소기업이라 할지라도 당신의 스펙 업그레이드에 큰 도움이 될 것이다. 단지, 스펙 한 줄을 채우기 위하여, 시간만 채우는 방식의 인턴십 프로그램이라면 당장 퇴사하고 영어단어 하나를 더 외우는 것이 낫다. -그렇다고 진짜 영어단어를 외우라는 것이 아니다. 그 만큼 가치가 없다는 것을 의미한다-

자격증! 더 이상 매달리지 말자!

나는 오랜 시간동안 대학에서 경영학을 공부하였지만, 특이하게도 공업계 고등학교 기계과 출신이다. 그 덕에 기계관련 자격증도 몇 개 가지고 있다. 때로는 공고 출신이기 때문에 생산현장에 대한 이해가 높아 인사관리 업무를 하는 데에는 큰 도움이 되기도 하였지만, 지금까지 단 한 번도 제대로 자격증을 활용해 본 적이 없었다.

조금 비약하여 논의를 해 보면, 전산화가 이루어진 현대사회의 회계업무에서 주산, 암산, 부기, 타자 자격증이 직무수행에 큰 도움이 되겠는가? 이전 세대에서는 아주 중요한 자격증이었을지 몰라도 지금은 그렇지 않다. 컴퓨터 관련 자격증 또한 그러한 시점에서 바라볼 수 있다. 아무리 컴퓨터 관련 자격증이 있어도 기업의 그룹웨어와 같은 통합정보시스템(ERP)을 다루는 데에 무자격증인 사람과 능력의 큰 차이는 없다. 대부분의 기업 인사담당자들은 나와 같은 시선을 가지고 있으리라 믿는다.

그렇다면 우리의 현실은 어떠할까? '자격증 장사'라는 신조어가 생길 정도로 수많은 자격증들이 노동시장에 넘쳐나고 있다. 직업능력개발원의 등록된 민간자격증들 또한 기준 자체가 엄격하지 않아 매일 매일 새로운 자격증이 생겨나고 있다.

대부분의 취준생들이 목표직무가 정해지지 않은 상태에서 스펙을 준비한다는 것을 감안한다면 자격증 시험준비 시간과 비용, 노력은 자칫 헛고생이 될 수도 있다. 경영학과 출신자들이 금융권의 입사지원을 위해서 금융 3종 자격증을 취득하고, 토익점수를 900점 대로 맞추는 것, 비인기전공자들이 대기업에 진입하기 위하여 한자능력, 컴퓨터자격증, 어학 자격증 등 최대한 많은 자격을 취득하려는 것, 짧은 시간 안에 무엇이라도 전문성을 만들기 위해 유통관리사 자격증이나 각종 단체 프로그램의 수료증을 획득하려는 것들도 모두 물거품이 될 수도 있는 시간과 노력들이 될 수 있다. 취업을 위해서 무엇인가 노력해야 한다는 강박관념과 불안감(스트레스) 때문에 자격증 취득에 열을 올리는 시대에 살고 있는 것이다.

자격증, 언젠가 쓸 수 있는 가치가 있을 때 취득해라!

자격증을 취득하고자 하는 욕구는 인적자본론에서 그 근거를 찾아볼 수 있다. 많은 교육을 받는 사람이 높은 생산성이 예상되고, 높은 임금과 더 좋은 일자리를 얻을 수 있다는 주장이 '인적자본론'이다. 즉 자격증은 학교 졸업장과 더불어 노동시장에서 자신의 기술과 지식을 증명하는 하나의 증거이다. 이러한 원리 때문에 오히려 쉽게 취득한 자격증 일수록 기업에서의 매력도는 감소되고, 취득하기 어려운 자격증 일수록 그 가치가 폭발적으로 증가한다.

취업을 위한 자격증 취득 전략

모든 취업전략은 목표직무가 정해진 이후에 가능하다는 전제를 가지고, 자격증에 대한 전략적 제언을 다음과 같이 하고자 한다. 우선 자신이 목표한 직무역량을 증거하는(주장하는) 자격증이 무엇이 있나 조사를 해보아야 한다. 자격증이 필요하지 않은 직무도 분명 존재한다. 아마 당신이 알고 있는 것보다 훨씬 더 많은 직무에서 자격증은 불필요한 존재로 여겨진다. 그러므로 자격증의 '필요성' 측면을 확실하게 검증하여, 취득여부에 대한 의사결정을 해야 한다.

자격증을 필요로 하는 경우에도 시간과 비용, 노력이 투자되는 양과 질에 따라서 자격증별 상대적 서열을 만들어야 한다. 만약 당신에게 주어진 시간이 3-6개월 정도라면, 낮은 서열의 자격증을 먼저 준비하도록 하자. 유통관리사, 직업상담사 등과 같은 자격증의 수준이라면 3-6개월 이내의 공부만으로도 충분히 취득이 가능하다. 만약 (대학에 재학 중인 경우) 1년 이상의 준비기간이 주어진다면 자격증의 꽃이라고 불리 우는 "士자 자격증"에 도전해 볼만한 가치가 있다. 로스쿨(변호사)까지는 어려움이 있겠지만, 노무사, 세무사, 회계사(AICPA 포함), 변리사, 법무사 등은 도전해 볼만한 가치가 있다. 이러한 시험을 준비하는 사람들은 동차합격-1년 안에 1차, 2차, 3차를 모두 합격하는 것-을 목표로 삼고 있지만 쉽지만은 않은 일이다. 대부분 2년을 준비해서 되는 경우가 많다. 그렇기에 대학생 신분에서 준비를 하는 경우가 많아졌고, 재학생 합격자가 증가하는 추세이다.

고급자격증은 도전하는 것만으로도 스펙이 될 수 있다.
최근에는 이러한 자격증들의 '1차 합격' 사실만으로 취업스펙으로 활용되는 경우를 종종 볼 수 있다. 간혹 몇몇 기업에서는 (신입을 기준으로)1차 합격자를 우대한다는 조건을 내걸기도 하기 때문이다. 대학을 졸업한 이

후, 단지 취업만을 목적으로 자격증을 준비해야 한다면 나는 이렇게 어려운 자격증들을 권하지 않을 것이다. 하지만 자격증을 취득하기 위한 공부가 궁극적으로 직무지식 성장에도 영향을 미친다는 점에서 자격증 공부의 필요성을 찾을 수 있다.

편입생은 서류전형에서 불리하다고 들었습니다.

우리나라가 선진국 대열에 이름을 올리고 난 이후 부터 지금까지의 학력차별은 없어져야 한다는 사회적 통념이 자리잡기 시작했다. 이러한 사회적 갈망이 과연 해소될 수 있을까? 미국과 유럽 등의 선진국가에서는 학력차별이 존재하지 않을까? 그 어느 누구도 이에 대한 답을 쉽게 내릴 수는 없을 것이다.

우리가 마주하고 있는 현실로 시선을 돌려보자. 우리 곁에 있는 동료들에게 "학력차별은 존재합니까?"라고 물었을 때 어떤 대답을 들을 수 있을까? 당연히 아직까지는 뿌리깊게 존재한다는 답을 들을 수 있을 것이다. 시간이 지날 수록, 학력차별의 벽이 점점 낮아지고 있는 것에 동의하나 아직까지도 대부분의 사회구성원들은 학력수준에 대한 갈등을 느끼고 있다. 그리고 그러한 감정들이 우리의 가슴 속 한 켠에 아픈 상처로 자리잡고 있다. 공개적인 차원에서의 차별은 점점 사라졌지만, 보이지 않는 차별들이 분명히 존재하고, 또 우리는 그것을 피부로 느끼며 살아간다.

대학교 편입을 선택하는 이유

우리나라 대학생(또는 유학생이라고 하더라도), 그들이 편입을 선택하는 이유는 무엇일까? 우리가 조금 더 나은 직장으로 이직을 하는 것처럼, 조금 더 명성있는 대학의 졸업장이 그들의 삶에 유리하다고 판단해서는 아닐까? 명문사학의 학교로 들어가, 높은 수준의 교육을 받고자 하는 이는 극히 일부에 지나지 않을 것이다. 이 시점에서 우리가 편입생들의 동기에 대해서는 왈가왈부할 사항은 아니다. 우리 사회(기업)가 수용하고 있는 명문대학에 대한 선호도가 문제의 시작이기 때문이다.

기업이 명문대학을 선호하는 이유

그렇다면 기업에서는 왜 명문대학을 선호하는 것일까? 명문대학을 나오면 그 만큼 실무에 필요한 이론적 배경을 잘 갖추고 있어서? 필자의 경험에 의하면, 대학원 과정이 아닌 학부생들의 역량은 학교별 차이보다 개인별 차이가 더 크게 보인다. 물론 평균적인 측면에서는 조금 더 양질의 교육을 받는 곳이 좋을 수밖에 없을 것이지만, 전체적으로 기업 실무에 큰 영향을 미칠 만큼의 유의미한 차이가 있다고 생각되지는 않는다.

필자는 크게 두 가지 차원에서 명문대학에 대한 선호도가 생긴다고 본다.

풍부한 학습경험과 능력이다.

본디 대학에서 배운 학문을 실무에 바로 사용할 수 있는 것이 그리 많지
않고, 회사에서 실무적인 내용을 바탕으로 재교육을 받아야만 한다. 대
학에서의 학습과 실무에서의 괴리는 수 십년간 (필연적으로)극복하지 못
하는 딜레마였다. 따라서 실무분야와 유사한 전공에 대한 풍부한 학습
경험은 명문대학일 수록 높은 수준의 경험에 도달할 확률이 높다. 또한
충분한 학습경험으로 대학입시를 통과한 만큼 뛰어난 학습능력을 가졌
다는 반증이기도 하다. 물론 예외도 존재하지만, 기업 그러한 경험과 역
량을 신뢰할 수밖에 없다.

입시 및 대학내 경쟁을 통해 얻어낸 결과, 즉 '성공 경험'이 매력을 만든다.

블로그에도 기고하고, 강연에서도 예를 많이 들었던 사례가 있다. 2003
년 SERI(삼성경제연구소)에서 발표했던 '일본기업이 명문대를 선호하는
이유'에서 '성공 경험'의 매력을 상세하게 다루고 있다. 주된 내용은 성공
을 했던 이들은 성공을 위한 방법들에 대해서 잘 알고 있고, 그에 따르는
노력의 정도가 높으며, 스스로 목표달성을 위한 동기를 지속적으로 자
극한다는 내용이다. 이러한 성공 경험들이 또 다른 조직에서의 성공을
이루는데 중요한 밑거름이라고 본 것이다. 필자 또한 이러한 내용에 깊
은 공감을 하고 있으며, 고객들의 커리어 설계에 있어서도 적극반영하고

있다.

위와 같이 기업에서 명문대학을 선호하는 이유를 살펴본 이유는 명문대에 편입한 편입생들은 이러한 메리트를 온전히 다 누릴 수가 없다는 것을 설명하기 위해서다. 한국에서의 편입학은 수능시험을 다시 준비해서 신입생으로 입학하는 것보다 어렵다고 할 만큼 경쟁이 매우 치열하다. 하지만, 여전히 지방대 또는 2-3년제 대학생들은 다양한 방법(전형의 종류)을 통하여 편입을 꿈을 이루고 있다.

미국 유학생의 경우에는 Community College(대부분 소규모의 단과대학인 경우가 많아서, 우리나라 사람들은 전문대학이라고 호칭하기도 하지만, 기능적으로는 대학부설 평생교육원의 역할 수행)를 통해서 높은 학점을 취득하여 명문대학으로 편입을 시도하기도 한다. - 한 때는 마치 공식처럼 이렇게 유학생활을 마친 친구들이 한국 취업시장으로 대량 유입이 되었다. - 이러한 방법을 통해서 미국에서 고등학교 졸업 후 SAT(미국 대입고사)를 통해서 입학을 하는 친구들보다 보다 쉽게 명문대학에 입학할 수 있게 되었다. 오래 전부터 미국대학의 졸업이 입학보다 어렵다는 이야기도 있지만, 그것 또한 이제는 큰 설득력을 갖지 못한다. 지금의 한국 대학들의 졸업인증제와 졸업 전 취업준비 등을 감안한다면 자의든, 타의든 졸업 자체가 쉽지 않기 때문이다.

필자가 자칫 편입생에 대한 비하 글을 쓰는 것이 아닌가 생각도 되지만,

수많은 상담과 대학과 기업에서의 경험을 바탕으로 쓴 것이기에 이 논지에 대해서 반박하고자 하는 사람은 그리 많지 않을 것이다. 편입생들 또한 편입준비를 위해 많은 시간을 고생했음을 모르는 바도 아니고, 편입 이후에도 기존의 학생들과 함께 어울리기 위해 더 많은 노력이 필요하다는 점에서 그들의 도전에 늘 박수를 보내고 싶다. 더 나은 미래를 위해서 아무것도 하지 않는 이들 보다는 분명 더 큰 꿈을 이룰 것이라 믿는다. 그래서 필자는 개인적으로 편입생에게 우호적인 사람이다!

지금까지 기업들의 명문대 선호현상과 편입생들의 편입 과정과 환경에 대해서 에둘러 설명하고 있지만, 서류전형에 불리한 것인지에 대한 답은 이미 독자들의 머릿속에 있지 않을까 생각된다. 선발이라는 것, 그리고 서류과정에서의 합격과정은 기업마다 선호하는 인재의 유형이 다르기에 유불리를 거론하는 것은 자칫 위험한 생각이다. 그러나 경험론적으로 보았을 때, 편입생의 합격률은 동일한(비슷한) 조건의 풀타임 학생들보다 몇 배 가깝게 낮다. 그리고 우리가 놓친 또 하나가 있다. 한국의 편입생들은 편입을 하면서 대학의 네임밸류를 가장 크게 고려하기 때문에 취업에 유리한 인기학과로 편입하는 경우가 낮고, 미국의 편입생들의 경우에는 편입 후 학교에서 학점관리가 안 되는 경우가 많다. 때문에 합격률이 떨어지는 또 하나의 원인이 되고 있다.

이러한 필자의 경험론적 결과가 모든 편입생들에게 불리하다고 이야기하는 것은 절대 아니며, 불가능하다는 것을 의미하지도 않는다. 편입생들 또한 대기업의 인기 포지션으로 합격한 사례는 수 없이 많이 있다. 따라서 지금 당신의 조건을 가지고 후회하거나 탓을 하지 말았으면 한다. 과거를 반추하기 보다는 지금 무엇을 해서 나의 취업률을 올릴 수 있을 지 고민하는 것, 그것이 지금 당장 당신이 생각하고, 행동해야 할 일이다!

6 복수전공으로 입사지원해도 되나요?

필수전공과 우대전공의 차이는 무엇인가?

인기전공, 인기학과는 단연 취업시장에서 큰 화두이다. 일명 취업이 잘되는 학과인 기계, 전기, 전자, 화학, 경영, 경제 등의 학과들은 기업이 입사지원 자격을 엄격하게 한정하는 곳에서 큰 힘을 발휘한다. 채용공고상의 입사지원 부터 특정의 학과를 지정하는 경우가 있기 때문이다. 과거에는 필수조건으로 학과를 한정하는 경우가 많았지만, 최근에는 우대학과로 그 명칭을 바꾸는 추세이다. 하지만 말만 우대학과이지, 우대학과 출신자들만 해도 면접대상을 정하는 것이 어렵지 않기 때문에 우대전공을 필수전공으로 보는 시선도 여전히 존재한다. 그럼에도 불구하고 비전공자라 하더라도 그에 걸맞은 역량을 갖추었다면 채용이 가능하다는 이야기이다. 예를 들면, 회계팀의 신입사원 채용에 있어서 비록 경영학과 출신이 아니지만, 회계관련 자격증 서너 개를 보유하고 있다면 면접의 기회가 주어질 수도 있다는 의미이다.

필수전공 → 불리, 우대전공 → 가능 또는 유리

복수전공은 대학들의 학사운영체계에 따라서 이중전공, 부전공 등 다양한 이름이 사용된다. 우선 결론적으로 말하면, 복수전공이 주전공은 아니므로 필수적인 채용요건을 달아놓은 곳에서는 입사지원을 하기 어려울 뿐만 아니라 필수전공으로 고려가 되지 않는 경우가 많다. 그러나 대부분은 기업들은 우대전공으로 공고함으로써 복수전공자들의 입사지원 범위를 이전보다는 넓혀놓고 있다.

서류전형 과정에서 복수전공은 그리 큰 힘을 발휘하지는 못한다. 자칫 기업 내부적인 제약조건으로 인하여 탈락될 확률이 높기까지 하다. 다만, 필자의 이전 연구에 따르면 복수전공은 (서류전형이 아닌 채용의 최종 결과의 측면에서)대기업 채용에 긍정적 영향을 미치는 경우가 많았다. 이러한 연구결과를 해석하는데서 많은 오류가 발생할 수 있는데, 복수전공이 별도의 가산점이 있는 것은 아니기에 다른 원인이 결과에 개입되었다고 할 수 있다.

필자는 이러한 결과를 해석할 때에 "많은 수의 복수전공자들의 자기관리 및 인성적 측면에서 좋은 이미지를 형성하고, 그것이 면접에서 또한 긍정적인 결과를 이끌어내고 있다"고 주장하였다. 복수전공자들 중에서 게으른 사람들, 심심해서 복수전공하는 사람은 없다. 다들 주관적으로 자신의 미래를 계획하고, 준비해온 과정들이고, 이러한 노력들은 복수전공만이 아니라 여타 다른 스펙에서도 다른 친구들보다 우위에 서는 경우가 많다. 나아가 면접에서 긍정적으로 활용할 만한 '스토리텔링을 위한 경험'도 많이 보유하게 된다.

인사담당자들 사이에서 많이 하는 말 중에 이런 말이 있다. "스펙이 좋아서 뽑은 것이 아니라, 그저 뽑을 만한 사람들을 뽑아 놓았더니... 그들이 스펙이 좋더라!" 복수전공자 또한 이러한 결과와 맥락을 함께 한다고 본다.

복수전공으로 입사지원을 할 수 있는가에 대한 고민? 사실 불필요한 질문이다. 필수조건으로 제약하는 것이 아니라면, 입사지원을 하는 것이 취업으로 한 걸음 다가가는 지름길이기 때문이다. 복수전공이라 소심해질 필요도 없다. 앞서 이야기한 것과 같이 당신은 그 만큼 더 뛰었다는 이야기니까! 충분히 자부심을 가지고 지원을 하길 바란다.

7

유학생이 한국에서 취업하는데 불리하다고 들었습니다.

서로가 부러운 그들, 국내대학 출신자, 해외대학 출신자

국내의 취업시장에서 해외유학생들과 가장 치열한 경쟁구도를 가진 친구들이 수도권 대학 출신의 취준생들이다. 한국에서 대학을 나온 친구들은 유학생 친구들을 부러워하고, 유학생들은 한국에서 대학 나온 친구들을 부러워한다. 아마도 자신은 취업이 잘 안되는 상태인데, 상대방은 잘 될 것 같은 심리에서 서로 부러움을 갖는 것은 아닐까 생각된다. 취업컨설팅을 십 년간 해오면서 그들 중 누가 유리하다고 보기에는 어려움이 있지만, 경합하고 있는 상대인 것만은 분명해 보인다. - 우리가 여기서 이야기하는 수도권 대학이라 함은 최상위 클래스의 대학을 제외한 대학을 기준으로 보아야 한다 -

누가 더 유리한지 꼭 알아야 하겠다면?

조심스럽게 의견을 내 보자면, 이공계열이라면 유학생들이 조금 더 유리한 면이 있고, 경상계열이라면 어학연수와 일정의 자격증, 직무경험을 갖춘 국내대학 출신자들이 조금 더 유리하기도 하다. 이러한 의견은 통계적 결과가 아닌 경험적 판단을 근거임을 밝혀둔다. 전체적인 분위기가 그렇게 형성된다는 것이지 꼭 특정출신의 특정학과가 유리하다는 것은 분명 아니다.

국내대학을 졸업한 취준생들은 기본적인 스펙만 아니라, 취업스킬과 취업정보에도 높은 수준에 이르고 있고, 해외대학 출신자들은 취업준비가 조금은 부족하지만 영어능력의 강점을 보유하고 있다. 하지만 신입사원 취업시장에서는 영어능력은 강력한 무기로 사용되기 보다는 좋은 옵션을 가지고 있다는 정도로 평가되는 분위기이다. - 기업이 영어선생님을 채용하는 것이 아니기 때문이다 -

해외유학에 대한 편견을 넘어야 한다.

국내 대학입시에 좋은 결과를 내지 못하고 해외유학으로 선회하여 적당한 학교를 졸업하고, 국내로 취업하고자 하는 취준생에 대해서 기업은 상대적으로 박한 평가를 하는 경향이 있다. 물론 해외대학 출신자들 중에서도 고등학교 이전부터 유학을 시작하였는지, 제3의 외국어가 가능한지의 여부에 따라서 스스로 경쟁력을 확보할 수도 있지만 이미 전자의 현실에 진입한 경우가 다수이다. '국내대학 입학 실패 후 유학'이라는 프레임을 벗어나는 방법으로 대다수의 취준생들이 '보다 넓은 곳에서 더 큰 꿈을 꾸기 위해'라는 진부한 답변을 늘어 놓는다. 필자는 이럴 때 '솔직함'을 강조한다. 상대가 이해할 수 있는 솔직함 속에서도 충분히 자신의 강점을 잘 설명할 수 있기 때문이다.

면접준비를 더 혹독하게 해야 하는 해외대학 출신자들

서류전형에서는 개인의 출신학교와 학점, 학과에 따라서 유리하거나 불리할 수도 있겠지만, 면접전형에서는 대부분 해외대학 출신의 취준생들이 불리한 경우가 많다. 대부분은 외국생활을 오래 했기 때문에 글로벌 마인드만 강조할 뿐, 딱히 면접에 대한 준비가 잘 이루어져 있는 경우가 드물기 때문이다. 일례로, 유학생 출신 취준생들이 아무 준비없이 첫 집단면접을 보게 된다면, 다른 지원자들이 너무 잘해서 충격을 받는 경우가 상당히 많다. 그래서 자신감까지 하락하는 경우가 있으니 한국의 선발과정에 대해 충분히 익혀둘 필요가 있다.

기업 적응이 어려울 것이라는 편견의 굴레

과거에는 면접장에서 유학생들에 대한 다양한 편견들이 존재해왔다. 글로벌 마인드도 좋지만, 서구적 사고방식으로 사람들과의 관계를 만들어 가는 것이 기업 구성원들과 어려움이 있을 것이라 판단하였다. 대한민국 특유의 기업문화 또는 경직되어 있는 문화 또한 받아들이지 못할 것이라 생각했었다. 그리고 필자 또한 인사담당자로서의 그런 사고관도 존재했었다. 그런데 이러한 편견들은 구태의 과거가 되었다. '밀레니얼 세대'가기업조직의 중심으로 자리잡고, 'Z세대'가 조직에 유입되기 시작하면서, 수평적이고 워라밸을 추구하는 기업문화는 나날이 유연한 문화로 변화하고 있다. 이에 유학생들의 문화적 적응의 리스크는 크게 줄어들었다고 볼 수 있다. 그러나 일부 대기업과 보수적인 문화를 고수하고 있는 기업들이 아직도 많이 존재하는 만큼 이러한 '편견의 굴레'를 이겨낼 수 있는 다양한 방법과 아이디어가 필요하다.

일단 취업해서 경력 쌓고, 먹튀 하는 유학생 출신자들

유학생 출신 취준생들은 졸업 이 후의 패턴들이 매우 유사하다. 졸업과 동시에 미국여행, 한국에 돌아와 가족여행, 취업준비의 일환으로 어학성적 및 자격증 준비, 취업스터디 활동 등 이렇게 시간을 보내다 보면, 어느새 1년이 지나간다. 본격적으로 취업을 시작할 때쯤이면 1년의 공백을 가지고 대기업, 공기업 위주의 입사지원과 광탈의 경험을 가진다. 이렇게 1년 6개월에서 2년의 공백이 발생한 상황에서 중소기업 취업전선에 뛰어든다. 그리고 1~2년 정도의 경력이 쌓였을 때 즈음하여 다른 기업으로 이직을 한다.

최근의 취준생들의 이직률에 비하여 그다지 높은 것은 아니지만, 유학생 출신자들을 이러한 패턴을 꽤 오랫동안 유지해왔던 점에서 기업의 시선이 곱지만은 않은 편이다. 앞서 이야기한 바와 같이 이 또한 '편견의 굴레'이며 극복해야 할 과제인 것이다.

편견들, 다 넘을 수 있는 산이다.

정리하면, 해외대학 출신자들이 특별하게 국내취업에 불리한 조건을 가지고 있는 것은 아니다. 국내대학 출신자들에 비하여 취업스펙이 다소 부족하다는 점은 이미 기업의 인사담당자들도 큰 기대치를 가지고 있지 않다. 기업조직의 특성상 유학생 출신을 선호하지 않는 기업들도 있지만, 반대로 유학생 출신자들만 골라서 채용하는 기업들도 있다는 점에서 위안을 찾아야 한다. 그리고 자신의 취업목표를 위해서 열심히 노력하는 모습을 지속적으로 유지한다면, 유학생 편견의 굴레를 넘어서 좋은 결과로 이루어질 것이라 믿어 의심치 않는다.

8

지방대 출신은 정말 대기업에 들어갈 수 없는 걸까요?

명문대학, 인기학과는 '치트키'가 아니다.

우리나라의 상위권 명문대학의 인기전공 학생들을 대상으로 모두 학교와 전공에 따라서 점수를 부여해 보자. 그리고 그들을 서열화 시켜서 리스트를 만들어 보자. 그리고 매년 대기업에서 채용이 되는 인원 수만큼 합격을 시키고, 나머지는 탈락시켜보자. 최상위 대학의 최고의 인기전공자들은 모두 취업의 기쁨을 느낄 것이고, 나머지 탈락자들은 취준생을 계속해야 할 것이다. 그런데 현실은 어떠한가? 우리 주변에서는 명문대학, 인기학과를 졸업해도 실업 상태에 놓인 취준생들을 적잖이 볼 수 있다. 여기에는 유명한 해외대학 출신자들도 예외가 없다. 명문대학 인기학과라는 것이 대기업, 공기업을 보장하는 '치트키'가 아니라는 것이다. 이는 '지방대학 출신자'라 하더라도 대기업에 입사하는 것이 가능함을 의미한다.

좋은 기업 일수록 잠재력이 높은 인재를 찾는다.

기업의 채용시스템에서 명성이 있는 대학, 높은 학업성적, 다양한 대외활동은 대학진학시 수능시험 점수가 높은 것과 유사한 상황이다. 그들은 노력한 만큼 준비가 되었고, 다른 이들에 비하여 더 나은 환경에서 구직활동을 할 수 있게 된다. 그렇지만, 모든 기업들이 신입사원 채용을 점수화/서열화하여 채용을 한다면, 스펙에서 보이지 않았던 잠재력이 높은 친구들은 기업이 놓칠 수밖에 없다.

이론적으로도 확률은 존재한다.

노동경제학 시점에서 채용시장을 바라본다면, 기업은 좋은 인재들을 얻기 위하여(right accept) 그렇지 않은 인재들도 포함하여 채용을 할 수밖에 없다(accept error). 이러한 이론적 시점에서 보아도 (지방대 출신이 또는 출신과 상관없이)대기업에 들어갈 확률은 존재한다.

사회적/정책적 고려를 위해서라도 확률은 존재한다.

평소 A기업은 B대학의 인재를 유치하기 위해서 매년 '캠퍼스 리크루트' 행사를 열고 있다. 그런데 A기업의 합격자 명단에서 B대학의 합격자가 1명도 있지 않다면 A기업은 내년에도 리크루트 행사를 열 수 있을까? 채용담당자는 최종합격은 아닐지라도, 서류합격자 명단에 최소 몇 명은 할당해야 하지 않을까?

과거에는 대기업이 운영하는 재단의 (명문)대학 졸업생들에게는 그룹사

입사의 가산점이 주어지곤 했다. 구직자가 귀한 시대에 좋은 인재를 양성해서 기업에 수혈하겠다는 정책이었기 때문에 구직자, 구인기업 모두가 원원하는 정책이었다. 그러나 지금은 각 개인의 역량과 공정한 선발과정을 목표로 하기 때문에 대학의 네임밸류의 의존도는 크게 줄었다고 할 수 있다.

대부분의 취준생들은 공기업과 사기업의 선발 정책과 절차에 대해서 혼란해 한다. 공기업은 내부 규정과 매뉴얼로 선발과정을 규정화, 법제화시켜 놓고 있어 누구를 채용할 것인지에 대해서 보다 엄격한 기준을 적용한다. 사기업은 채용절차법을 제외하고는 누구를 채용할 것인지에 대해서는 자체의 시스템에 달려 있다. 낙하산 채용이든, 스카우트 채용이든 정의할 필요가 없다. 그렇기에 내부사정에 맞추어 선발기준을 학교별, 지역별 배분하여, 대외적인 공정성과 기업내부 이익 관점을 모두 고려한 채용 의사결정을 실시한다.

절대 안되는 것과 그저 불리한 것은 다르다.
지방대 출신이 선발과정에서 불리하다는 점은 인정해야 한다. 명문대학 입장에서는 경쟁적 우위가 없다면 구태여 입학을 위한 노력을 하지 않았을 것이기 때문이다. 이는 기업입장에서 당연히 제고되는 부분이다. 하지만, 그 문이 작다고 해서 포기할 만큼 좁은 문이라고 생각되지 않는다. 많은 취준생들이 해보지도 않고, 자신이 안 될 것 같으니 지레 겁을 먹고 포기하는 경우가 많다. 그리고 준비할 시간이 없어서라는 핑계 또한 나

약한 변론이다. 필자가 보기에는 그저 구직동기가 약한 것으로 밖에 보이지 않는다. 아무리 지방의 이름조차 생소한 대학 출신자라 할 지라도 대기업에 입사를 할 수 있다. 그러한 일이 당신의 동기에게 이루어질지, 당신에게 찾아올 또 다른 행운일지, 아무도 모른다.

9

인적성시험에서 광탈하는데 방법이 없을까요?

인적성검사를 신입사원 채용과정에 사용하는 나라는 있을까?

필자는 각 국가별 선발과정 사례를 연구한 경험이 있는 데, 이스라엘 정도가 우리나라와 인재 판별요소가 비슷할 뿐, 인적성검사를 실시하는 곳은 그 어느 곳에서도 찾기 힘들었다. 취준생들 사이에서 인적성검사에 대한 수많은 추측과 걱정들이 있는데 이 글을 보면서 그러한 생각들이 조금 정리되었으면 한다.

인적성검사에 대한 정보는 없고, 추측만 있는 이유

인적성검사를 개발하기 위해서 기업들이 어떻게 움직이고 있는지에 대해서는 철저한 비밀이다. 수 백명의 인사담당자가 있는 대기업에서도 인적성검사 설계와 문제에 대한 내용은 극히 일부 인원에 한하여 접근이 가능하다. 이렇게 보안이 철저한 만큼 인터넷 상의 정보가 노출되는 경우가 발생하지 않는다. 필자 또한 인적성검사에 대한 깊은 정보를 가지고 있지는 않다. 출제위원에게서 들은 귀동냥, 인사분야에서의 경험, 실제 풀어본 검사지를 중심으로 썰을 풀고 있는 것에 지나지 않는다.

인적성검사는 개인 과외나 학원을 다니면서 공부해야 한다?

취업전략을 세우는 과정에 취준생들이 가장 고민하는 걱정거리 중의 하나는 인적성검사에 대한 준비과정이다. 필자가 취업컨설팅 프로그램을 운영하면서 직무설계, 서류-면접, 구직활동 관리까지 다 해 보았지만, 인적성검사의 영역은 단 한 번도 진입해 본 적이 없다. 그 이유는 간단하다. 필자 스스로도 적성검사에 통과할 자신이 없기 때문이다. 수 십 권의 적성검사 문제집을 풀어보아도 도대체 늘지가 않았다. 필자는 지금까지 공부에서 손을 놓은 적이 없는 사람이었지만, 적성검사는 그저 적성검사였다. 내가 잘 하지 못하는 것은 내가 가르칠 수 없다. 그것이 취업 프로그램에 인적성검사 과정이 없는 이유이다.

그렇다면, 인적성검사를 준비하는 학원이나 과외는 과연 효과가 있을까? 대기업 입사에 대한 열정이 있는 취준생들은 실제 사설학원이나 개인과외를 많이 찾는다. 특히, 유학생 출신자들은 지푸라기라도 잡는 심정으로 그 곳의 문을 두드린다. 그들이 도움이 되었는지, 아닌지는 필자가 수강한 것이 아니어서 평가를 할 수 없지만, 필자를 찾아오는 대다수의 고객들은 첫 수업 후 환불하는 경우가 대다수였다.

전직 출제위원 강사는 진짜 전문가인가?

최근 인적성검사 학원의 광고를 보면, 강사가 '출제위원' 또는 '출제 담당자'였다는 말로 취준생들의 주머니를 열게 만들고 있다. 그런데 필자의 상식에서는 그 광고의 문구가 이해되지 않는다. 필자와 친분이 있는 대학교수가 정부기관에서 진행하는 인적성검사 프로젝트에 참여하였는데, 그 분이 개발한 문항은 고작 세 문제였다. 그 문항 또한 여러 교수가 상호 검증을 한다고 한다. 필자가 출제위원은 아니어서 정확히는 잘 모르겠지만, 문항 개발에 큰 공을 들이는 것은 알 수 있었다. 이러한 사실을 학원 광고의 내용에 적용해 보면, 고작 몇 문제를 출제했던 출제위원이 '전직 출제위원 강사'로써 매력적인가?... 판단은 여러분의 몫이다.

전직 출제위원인 것은 맞고?

회사만큼 인적성검사로도 유명한 A사의 경우, 인적성검사의 문제은행을 만드는 프로젝트가 외주로 진행된다. 해당 프로젝트에 참여하는 인원은 담당 임원을 포함하여 5명 이내의 소수이며, 300억 이상의 비용이 인적성검사의 개발과 평가에 소요된다고 한다.

이제 상식적으로 생각해 보자. 만약 A기업의 출제위원이었던 사람이 상업목적으로 그 내용을 공개한다면 어떤 일이 벌어질까? 그렇다. 손해배상 소송에 걸릴 확률이 매우 높다. 특히 이렇게 보안이 요구되는 경우에는 프로젝트 참여시, 비밀유지이행각서(NDA)를 작성했을 것이고, 명백히 계약을 위반한 것이기 때문이다. 그럼에도 불구하고, 피소되지 않는 이유는 광고 자체가 허위(가짜)일 수 있다는 가정이다. 허위광고로 인한 과태료 처분은 받겠지만, 그 동안의 학원강사들의 허위 이력에 따르는 판례들을 살펴보았을 때, 손해배상 책임이 면책되는 경우가 더러 있었다. 또한 A사의 입장에서 허위사실에 대해서 일일이 대응할 필요를 못느낄 수도 있다. 한 두 건이 아니기 때문이다. 그리고 수강생들의 인적성검사 학원수강 및 개인과외의 후기를 들어보면, 그냥 답안지를 설명하는 정도라고 한다. 그 정도라면 A사 입장에서 형법상의 업무방해 책임을 물을 수도 없는 수준이다. 그저 우리에게 익숙한 학원, 과외의 문화가 이러한 현실을 만들어 낸 것 같아서 씁쓸한 마음이다.

스스로 함정에 빠지는 인성검사

우선 인성검사와 적성검사를 구분하여 다루어야 한다. 인성검사는 MBTI처럼 성격의 특징들을 찾아내어 유형별로 분류하는 역할을 한다. 인성검사 결과를 활용하는 방법은 기업마다 다르겠지만, 인성검사 결과만으로 탈락시키는 경우는 매우 드물다. 대부분의 회사들은 면접을 위한 참고자료로 활용하거나, 합격 후 보직배치에 활용한다고 대외적으로 설명한다. 그럼에도 불구하고, 검사결과가 탈락으로 연결되는 두 가지의 경우가 실제로 존재한다. 첫째는 답변의 신뢰도가 현저히 떨어지는 경우, 재검사를 하기 보다는 즉시 탈락 처리를 할 수 있다. 인성검사에서 성격유형을 결정하는 질문들을 피검자가 인지하지 못하게 복잡하게 배치한다. 즉, '문화적 개방성'을 측정하는 질문이 10가지라면, 이 질문들을 100개의 문항 중에 섞어서 배치를 한다는 것이다. 즉 문항번호 1-10번으로 나열하는 것이 아니라, 1, 4, 8, 12... 등 랜덤 또는 주기 순서에 의해서 배치가 된다. 이렇게 문항을 혼합하는 것은 피검자가 의도적으로 답변을 자신과 다른 특정유형의 성격에 기록하는 것은 방지하기 위해서이다. 전반부 질문에서는 문화에 대해 개방적인 방향으로 답변하고, 후반부에서는 비개방적인 방향으로 답변을 한다면, '답변 신뢰도 계수'는 매우 떨어지게 된다. 특정 수준 이하로 신뢰도가 떨어지면 검사결과를 얻어내는데 실패하며, 이 때 회사의 입장에서는 재검사를 실시하기 보다는 탈락을 시키는 경우가 발생한다. 그리고 두 번째의 경우는 회사별로 특정 인성에 원하는 수준 이하의 점수가 나오면 탈락시키는 경우이다. A회사의 경우에는 '윤리관, 청렴도'에 10점 만점에 6점 이하의 점수를 받으면 탈락을 시킨다. 기업 고유의 문화와 채용 정책에 따라서 달리하는데 취준생의 경우에는 이런 점까지 신경 쓰면서 인성검사에 임할 필요는 없다. 그저 자신이 성격과 가치관을 그대로 투영시켜 인성검사를 본다고 해도 대부분은 큰 무리없이 검사를 통과할 수 있다.

적성검사, 지금부터 준비해서 될 일이 아니다.

적성검사는 과거 기업에서 독자적으로 치르던 입사시험을 옮겨 놓은 전형이라고 이해하면 좋을 것 같다. 그 당시에는 마치 수학능력시험을 보듯이 고사를 치러야 했고, 이 시험에 합격한 사람들만이 면접의 기회를 부여받았다. 우리가 현재 치르는 적성검사는 말로만 적성검사지, 4년 동안 대학 전공 공부에 매진하던 사람들에게 다시 수능시험을 준비하라는 것과 같은 행태이다. 물론 수학능력시험과 내용은 다르지만, 단시간에 향상될 수 없는 기초 학력평가 과목이 큰 비중을 차지한다. 그나마 위안

점이 되는 것은 점차 그 내용이 직무중심으로 재편되고 있다는 점일 것이다. 적성검사 시험지를 접해 본 사람들이 느끼는 감정은 거의 비슷하다. 최선을 다해서 풀기는 하지만, 만족스러울 만큼 또는 자신감과 확신이 생길 만큼 시험을 잘 치렀다는 느낌을 받을 수 없다는 것이다.

국내 대기업이 적성검사를 실시하는 가장 큰 이유는 대규모 인원들이 지원 가능한 온라인 중심의 선발 시스템과 지원자의 수가 방대하고, 정기 공채 방식을 진행하기 때문이다. 많은 수의 지원자를 가장 객관적으로, 공정하면서도, 간단하게 추려내는 방법은 바로 시험이다. 참고로 대부분의 서양 선진국들은 인터뷰 중심의 채용방법이 특화되어 있고, 대규모 채용시스템도 거의 찾아볼 수 없다.

셋째, 커트라인 점수 아래의 모든 사람들은 떨어지나?

채용하는 기업들이 적성검사의 결과점수를 공개하지 않는 이유는 무엇일까? 답은 생각보다 간단하다. 공개할 이유가 전혀 없기 때문이다. 이해를 돕기 위해서 한 가지 예를 들어보려고 한다. 당신이 채용책임자라는 가정하에 기업입장에서 내릴 수 있는 합리적인 의사결정을 찾아보자.

- 적성검사 기준: 만점 1,000점, 합격 600점, 과락 400점
- 김서울: 해외 A급 대학, 토익 970, 학점 3.9, 전학기 장학생, 당사 인턴 우수사원(적성검사 558점)
- 이경기: 국내 A급 대학, 토익 930, 학점 4.3, 발명대회 대통령상 수상 (적성검사 0점)

당신은 지원자 '김서울'과 '이경기'를 탈락시켜야 한다고 생각하는가? 아니면 합격시켜야 한다고 생각하는가? 인사적인 원칙과 공정성의 측면에서 당연히 저 둘은 탈락 되어야만 한다. 하지만 기업의 입장에서 보면, 면접을 통해서 한 번 더 검증해 볼만한 가치가 있는 재원들 임은 분명하다. 지원자들 사이에서의 공정성 보다 기업이 얻는 이익이 더 큰 방향으로 전략적 의사결정을 하게 마련이다. 이러한 공정성 시비가 붙지 않기 위해서는 검사결과에 대한 철저한 보안이 이루어져야 하고, 시험문제의 난이도는 매우 높아 합격선의 지원자들이 떨어진다 하더라도 자신의 책임으로 돌릴만한 수준이어야 한다. 앞서 이야기한 바와 같이 아이러니하게도 적성검사에 합격한 사람은 "잘 못 봤는데, 붙었다", 적성검사에 불합격한 사람은 "잘 못 봤는데, 역시 떨어졌다"라고 이야기 한다. 적성검사를 잘 봤다는 지원자들은 거의 찾을 수가 없다.

앞의 내용들은 합리적 추론을 통한 가설에 지나지 않는다. 서류전형을 굳이 하지 않고, 적성검사를 먼저 시행한다면 이러한 가설이 발생하지 않겠지만, 서류에서 읽힌 정보를 무시하면서, 탈락시키는 것이 기업 입장에서 결코 합리적인 의사결정일수 없다. 기업에서는 적성검사외에도 여러 채용 절차가 있기 때문에 허들 하나로 인재를 놓치는 결정을 잘 하지 않는다. 토론 면접, 프레젠테이션 면접을 가지고만 탈락을 시키지 않는 이유이기도 하다.

인적성검사는 기업 이미지에 도움이 된다?

"저 회사는 토익이 900점 이상이 되어야 합격한다", "저 회사는 인턴 경험이 반드시 필요하다", "저 회사는 수도권 대학 수준이 아니면 절대 안된다"… 사실관계와 상관없이 온라인에는 특정 기업의 '합격 스펙'에 대해서 다양한 정보들이 쏟아져 나온다. 기업의 입장에서는 소수의 탈락자 경험이 마치 기업의 중요한 채용 조건으로 인식되어져 선발제도 운영에 막대한 영향을 미칠 뿐만 아니라 기업의 이미지까지 손상되는 결과를 얻는다. 그렇기 때문에 기업의 입장에서는 서류전형에서 불합격시키기 보다는 인적성검사에서 탈락을 시키는 것이 검사비용대비 이점이 더욱 크다. 기업의 탓이 아닌 지원자의 탓으로 생각되기에 좋은 도구이기 때문이다. 적어도 서류전형이 아닌 인적성검사에서 떨어진다면, 자신이 불합격한 이유에 대해서 불만을 갖지 않기 때문이다.

적성검사의 솔루션은 있는가?

적성검사에 대해서 뛰어난 실력을 가지고 있는 지원자라면, 대기업에서 실시하는 거의 모든 적성검사에 합격을 해야 한다. 하지만 그런 경험을 가진 취준생들은 거의 없다. 제법 적성검사를 잘 보는 취준생의 경우 5회 정도 응시하면 2~3회 정도 합격을 한다. 즉, 주어진 기회에 절반만 합격을 해도 꽤 괜찮은 검사능력을 가지고 있다고 볼 수 있는 것이다. 컨설턴트의 입장에서 적성검사에 많은 시간과 노력을 쏟는 것에 대해서 반대하는 입장이다. 문제집 4~5권 정도를 풀어보면서 문제의 유형과 시간 조절에 익숙해지는 노력만 하더라도 충분하다고 생각된다. 물론 스킬 위주

로 풀 수 있는 유형들은 반복 숙달을 통해서 학습할 필요는 있지만, 한자
(漢字) 문제를 풀겠다고 평생 한 번도 본적이 없는 한자책을 꺼낼 필요는
없는 것이다. 이 정도의 최선이면 충분하고, 남는 시간은 직무역량을 향
상시키는데 투자하기를 바란다.

오랜 동안 구직생활을 하면서, 이제는 대학원으로 갈까
고민중입니다.

학생이 필요한 대학원, 회피처가 필요한 취준생

대학원은 오랜 구직난과 더불어 취준생들에게 취업 회피처로, 공백기간
보완 용도로 자주 이용되고 있다. 사실 이러한 현상은 이미 10년 전부터
일어나고 있었지만, 공론화되기 시작한 것은 불과 2-3년 전이다. 대학의
대학원은 학생을 필요로 한다. 실제 일반대학원 뿐만이 아니라, 특수목
적의 대학원(경영대학원, 산업대학원 등)들은 학생들이 턱없이 부족하다.
대학의 니즈와 취준생들이 니즈가 서로 부합되어 이러한 현상은 더욱
심화되고 있다. 졸업 후 공백기간 동안 대학원이라는 조직에 소속됨으로
써 취준생들은 안정감을 찾으려 한다. 취업이 안 되면 대학원생이 되는
것이고, 취업이 되면 중퇴하면 그만이라는 생각도 의사결정에 큰 몫을
차지한다. 하지만 이 책을 읽다 보면, 결코 좋은 결정이 아닐 수도 있음을

발견할 수 있을 것이다.

인기 대학원으로의 입학은 취업만큼 어렵다.

일반적으로 인기있는 대학원은 지원자들이 재수까지 감수하면서 입학하는 경우가 많다. 명성과 인기가 있는 대학원 일수록 경쟁이 치열하고, 상위권 대학의 졸업생이나 본교의 졸업생이 입학에 유리한 고지를 점하는 경우가 많다. 물론 특수대학원(보통 30~80명 클래스)의 경우에는 몇몇의 상위 클래스 대학원을 제외하고는 입학의 큰 제약이 없지만, 일반대학원의 경우 서너 명의 인원 밖에 선발을 하지 않기 때문에 진학 자체가 쉬운 것은 아니다. 대학원 또한 형식적으로는 서류전형과 면접전형을 통해서 선발되지만, 사전에 연구분야에 대한 교감이 필요할 때도 있다. 자신의 출신 대학의 교수에게서 추천을 받거나, 관심 연구분야에 대한 교수들과의 교류도 입학과정에서 큰 도움이 된다. 비단 이러한 부분은 국내 대학에서만 이루어지는 것은 아니고, 해외대학에서도 대학원 과정을 진학할 때 응당 이루어지는 과정중의 일부분이다. 기업의 채용과는 달리 지도교수는 함께 연구과정을 진행할 제자이자 동료를 찾는 일이기에 서로의 합을 맞추어 보는 것은 의외로 중요한 일이다. 그리고 생각보다 대부분의 교수들은 입학에 적극적인 지원자들이 요청하는 미팅에 곧잘 응해 주는 편이다.

기업에서 연구개발직이 아닌 이상, 대학원 메리트는 기대하지 말자.

현재 대부분의 기업에서는 연구개발직이 아닌 이상 석사도 학사와 똑같은 근로조건으로 입사를 진행한다. 연구개발직의 경우, 석사학위가 필수 요건인 경우가 있으며 이 때 기업에 따라서 2년의 경력을 추가로 인정해 주거나 '자격수당'을 주는 기업도 있다.

혹 대학원을 중퇴한 경우, 공백기간과 마찬가지로 취급받기 때문에 상대적으로 '취업 연령'에 대한 약점이 발생할 확률도 있다. 과거에는 일반직도 대학원 석사출신에게 경력(2년)을 인정해 주는 기업도 있었으나 현재는 그런 기업을 거의 찾아보기 힘들다. 대학원 졸업이 기업에서 큰 메리트가 없음에도 불구하고, 개인의 커리어에 중대한 영향을 미친다고 판단한다면, 용기를 내 도전해 볼 가치는 있다.

이제는 교수들도 회피처로 대학원을 찾는다는 것을 이미 안다.

교수들은 학업과 연구의 목적이 아닌 단지 취업회피용으로 대학원을 선택하는 행위를 매우 꺼려한다. 대부분의 대학원 진학자들도 1학기 이후에는 휴학을 하는 경우가 많기 때문에 대학의 입장에서는 지속적인 교비 확보가 어렵고, 교수의 입장에서는 연구를 함께 하던 도중에 연구원 공백이 생기는 것 자체가 반가울 리가 없을 것이다. 그래서 대학원생을 선발할 때에 구직회피처로 이용하려는 지원자들에게는 쉽게 자리를 내어주려고 하지 않는다.

대학원을 회피처로 삼기에는 비용이 과하다.

국내의 신설된 경영전문대학원의 경우, 1년의 학비가 무려 2,000만원에 육박한다. 학력 프리미엄이 거의 없는 직무의 경우에는 이러한 비용이 취준생이나 그들을 지원하는 부모들에게는 큰 부담으로 작용한다. 가성비의 측면에서 심각하게 고민을 해 보아야 할 필요성이 있다.

대학원 진학의 가장 부정적인 이유는, 구직동기와 구직긴장감이 떨어진다는 것이다.

졸업유예자들과 마찬가지로 자신이 어떠한 조직에 속한다는 것이 안정감을 주기 때문에 구직에 게을러지는 양상을 띨 확률이 매우 높다. 취준생으로서 벼랑 끝에 섰을 때의 느낌과는 사뭇 다를 것이다. 대학원 생활에 적응한다는 이유로 취업보다 대학원에 더 열중할 수도 있다. 그러다가 대학원을 마치고 다시 취업전선에 뛰어드는 이들도 적잖다. 그럼 무엇이 달라졌는가? 오히려 취업 경쟁은 더욱 심화되었고, 자신이 가지고 있던 메리트들이 오히려 상실되어진 경우도 상당하다. 때로는 자신을 몰아세워야 할 때가 있는 법이지만, 결국 선택은 당신의 몫이다.

대학원은 더 이상 취업의 도피처가 되면 안 된다. 때로는 진정 학문 연구에 뜻을 품은 사람들이 이들과의 경쟁에서 밀려 선의의 피해자가 될 수도 있기 때문이다.

11

나이는 많은데 경력은 없습니다. 어떻게 해야 하나요?

취업은 꾸준히 계속한다고 항상 좋은 결과가 있는 것은 아니다.

최근 몇 년 사이 (장기간)공백기간의 문제로 필자를 찾는 고객들의 점점 많아지고 있다. 이는 취업시장 변화에 따르는 자연스럽게 발생하는 문제적 부산물이다. 무엇인가 이들에 대한 새로운 전략이 있을 것 같지만, 공식적으로 그런 전략은 없다(취업전략 컨설팅 측면에서는 비공식적인 방법이 있기는 하지만 책에는 담을 수 없다). '공백기간', '나이'는 이미 명백한 팩트이기 때문에 무엇인가 획기적으로 해결점을 찾기보다는 현상태에서의 최선을 전략을 찾는데 집중해야 할 것이다. 즉, 전략적인 '혁신'보다는 '개선'의 의미에서 접근하는 것이 옳다. 기존의 취업 실패만 하던 방식을 전략적 개선 없이 지속한다는 것은 동일한 결과만 낳을 것이기 때문이다. 새로운 전략과 동기부여로 취업준비를 한다면 보다 이전과는 다른 취업성과를 이룰 수 있다.

예상치 않게 장기구직자가 되는 버린 이들

취준생 중 공백기간이 많거나, 나이가 많아지는 이유는 다음의 4가지가 대표적이다.

(1) 대학진학 자체가 늦은 경우: 재수 또는 삼수 후의 입학, 국내대학 진학 실패 후 유학, 병역의무를 마친 후 대학 입학, 기타 개별적인 사유로 대학입학이 늦은 경우

(2) 휴학기간의 장기화: 어학연수, 고시/자격준비, 생계문제 등으로 인한 1년 이상의 휴학 경험

(3) 장기간의 스펙 준비와 계속되는 취업실패: '조금만 더 하면 될 것 같은데…' 하면서 버틴 시간들

(4) 실패의 기회비용: 공무원, 공기업, 방송사, 금융기업 등 집중화 취업전략의 실패로 생긴 공백기

나이도 스펙이 될 수 있다.

취업시장에서 경력이 없는 상태에서, 상대적으로 나이가 많은 것은 불리할 수밖에 없다. 스펙을 높이기 위해서 시간을 사용하는 것보다, 한 살이라도 어린 나이에 취업하는 것이 유리하다는 점을 취준생들은 공감하지 못한다. 스펙에 대한 불안감이 이러한 판단을 흐리게 하기 때문이다. 채용전문가(인사실무자, 취업컨설턴트 등)들은 나이의 중요성에 대해서 여러분들이 생각하는 것보다 중요한 취업의 경쟁력의 일부로 보고 있다.

기업이 굳이 '나이'를 따져야 하는 이유

기업에서 신입사원의 '나이'를 신경 쓰는 이유 중 하나는 내부서열의 문제이다. 기업에서 가장 작은 조직단위 인 '팀 조직'을 기준으로 보았을 때, 팀 내에서 가장 막내인 실무자의 일을 덜어내기 위해서(부담을 줄이기 위해서) 신입사원을 투입하는 경우가 대부분이다. 이러한 인원은 투입은 여러분이 잘 알고 있는 '사수제도'처럼 사수가 부사수에게 실무 업무를 가르치며, 업무 지휘를 하게 된다. 그렇기에 선임보다 나이가 많은 신입사원이 온다면 좋아하거나, 개의치 않는 조직(팀)은 거의 없다. 조직의 입장에서는 채용후보자 보다 내부 구성원(팀원)들의 심리를 먼저 살피는 것이 당연한 일이다. 필자 또한 기업의 팀장, 임원을 지내면서 팀내 불화가 생기지 않도록 경력, 나이에 대한 고려를 지속적으로 신경 써 왔었다. 비록 채용공고상 '채용절차법' 때문에 성별, 나이, 지역, 종교 등을 차별하는 채용공고를 낼 수는 없지만, 많은 수의 관리자(팀장)들은 서류전형 심사에서 통상적으로 이러한 부분을 고려하여 '면접대상자'를 선정한다.

공백기간이 실패경험? 그리고 낙인효과

무엇인가를 열심히 해 왔던 시간들이 어느 새 '공백기간'이라 불리게 되고, 이는 '실패경험'이라는 낙인효과까지 경험하게 된다. 개인들이 어떠한 시간들을 보냈던 간에 자신이 이루고자 했던 성공적인 결과물을 만들지 못했기 때문에 시간관리와 성과적 측면에서 '실패'로 간주하게 되는 것이다. 하지만 너무 낙담할 필요는 없다. 취업이 이루어지고, 여러분들에게 경력이 쌓이기 시작하면 이러한 '낙인효과'는 점점 힘을 잃게 된다. 100% 없던 일처럼 되지 않겠지만, 시간이 갈 수록 이직의 중대한 결점에서는 벗어나게 될 것이다.

공백기간이 아무리 길어도 희망은 있다.

위에서 언급한 낙인효과가 있음에도 불구하고, 취업 자체를 포기할 만큼 구렁텅이로 빠져드는 것은 아니다. 그 나름대로의 취업의 희망은 여전히 존재한다. 기업의 입장으로 다시 돌아가보자. 신입사원을 받아야 하는 팀이 있는데, 그 팀에서 사수가 사원급이 아닌 대리급, 과장급인 경우도 많다. 심지어는 부장급에게 붙이는 신입사원도 존재한다. 이 때 나이와 공백기간을 크게 개의치 않는 채용이 이루어질 수 있을 뿐만 아니라, 스펙은 좋으나 공백기간 때문에 대기업에 취업하지 못하는 인재를 채용하는 중소기업도 존재한다. 이러한 케이스가 대다수의 중소기업 채용을 설명하는 것은 아니지만, 엄연히 존재하는 경우이므로 취업의 희망도 존재하는 것이다. 필자의 고객의 경우에도, 경력이 거의 전무한 30대 중반의 학사출신과, 40대 초반의 석사출신의 여성구직자들의 취업을 도운 적이 있다. 다른 취준생들에 비하여 시간이 걸리기는 했지만, 그들이 원하는 곳으로 취업을 성공시킬 수 있어서 컨설턴트로서의 자부심을 느낀 경험이 있다. (필자는 대기업에 얼마나 많은 사람들을 보냈느냐 보다, 취업에 어려움을 겪는 이들에게 그들이 원하는 곳(기업)으로 얼마나 보냈느냐에 더 큰 사명감과 성취감을 느낀다. 앞서 언급한 30대 이상의 고객들은 필자에게 오기 전에 다른 컨설턴트로부터 계약을 거부당하기도 하였다.)

'공백기간이 있는 자'들을 위한 취업전략

이제 취업의 희망을 보았으니, 전략의 변화를 꾀해야 할 때이다. 빠른 시간 안에 자신이 가진 욕심을 조금 내려놓고, 다음과 같은 방법으로 추진해 보자.

(1)찬밥 따슨밥 구분말자.

자신이 원하고자 하는 직무가 있다면 어떻게든 들어가서 경험을 쌓는 것이 중요하다. 지금의 공백을 연장하는 것보다 경력을 쌓는 것이 당연히 추구해야 할 전략적 과제이다. 단, 직무적 연관성은 꼭 챙겨야 한다. 가급적 전문가와 커리어 설계를 진행하고, 그 커리어에 맞는 직무를 선택하는 대신 기업규모에 대한 조건은 낮추거나 포기하는 것이 좋다.

(2)전문가들의 조언과 도움을 충분히 받아야 한다.

대부분의 장기적인 취업실패는 자신이 가지고 있는 취업전략이 맞지 않을뿐더러, 자신이 쓰고 있는 이력서, 자소서, 면접기법에 대한 문제가 있음에도 불구하고 인지하지 못하는 경우가 많다. 좋은 전문가를 만날 수록 비용은 커지겠지만, 성공적인 취업을 위해서라도 적절한 투자도 필요해 보인다.

(3)입사지원에 모든 노력을 쏟자.

장기적으로 구직의지를 낮출수도 있는 영어공부(토익점수 목표)나 자격증에만 너무 많은 시간과 노력을 쏟지 말자. 입사지원외에 아무것도 하지 말라는 것은 아니지만, 시간 투자의 1순위가 구직활동이어야 하지, 절대 토익점수나 자격증 취득 등의 스펙쌓기가 되어서는 안 된다.

위의 세 가지만 잘 해낸 다면 당신이 지금까지 실패했던 것 보다 훨씬 나은 성과를 얻을 것이라 믿는다. 장기의 구직기간 동안 '서류광탈'을 경험하더라도 낙담할 필요는 없다. 당신이 전략만 제대로 전환을 한다면, 당신과 비슷한 환경에 놓인 취준생 보다 먼저 원하는 직장으로 취업을 하게 될 것이니 말이다.

12

제 스펙에 대기업이 유리할까요?
중소기업으로 가야 하는 걸까요?

자신의 스펙을 평가하지 못하는 취준생의 딜레마

"제 스펙이면 대기업을 갈 수 있을까요?" 처음에는 이 질문에 어떠한 답을 내놓아야 할지 많은 고민을 했다. 스펙을 평가해 달라는 것인지, 아니면 자신감을 불어넣어 달라는 것인지 피담자의 니즈를 파악하는데 애를 많이 먹었었다. 그런데 이러한 질문들도 수 년 전에 비하면 1/10 정도로 그 횟수가 줄어들었다. 왜 대기업 취업의 가능성을 묻는 취준생들이 줄어들고 있는 것일까?

시간이 지나면서, 취준생들이 취업시장에서의 자신들의 위치를 명확히 인지하기 보다는, 오랜 동안 고용시장이 축소되고, 대기업, 공기업 취업에 대한 이슈가 몇 년간 화두로 올라오면서 상대적으로 자신감이 떨어진 사람들이 많은 것이다. 실제상담을 진행하면서도 필자가 보기에는 대기업 입사에 충분한 준비가 되었음에도 불구하고, 대기업 지원조차 엄두를 내지 취준생들도 많았다. 물론 그 반대로 대기업 스펙이 아님에도 불구하고 대기업만 목표로 하고 있는 일부의 취준생도 있었지만 말이다.

도전하지 않으면, 성공 확률도 존재하지 않는다.

자신이 보유한 스펙이 조금 낮다고 생각하여, 이력사항에 일부 불리한 내용이 있다고 하여, 모두가 대기업에 입사하지 못하는 것은 아니다. 다만 상황에 따라서 그 확률이 낮아질 뿐이다. 도전조차 하지 않는 사람은 그 확률 조차도 얻지 못하는 것이다. 도전을 하되, 그 기간을 오랜 동안 잡지 말아야 하며, 설령 최종면접에서 떨어져서 아깝다고 집착을 해서도 안 된다. 최종면접까지 갔었던 회사를 차년도에 다시 지원하여 서류전형 통과조차 못한 취업재수생들을 넘쳐난다.

아무리 '황금스펙'이라도 다 합격하는 것은 아니다.

일반적으로 우리는 높은 학점과 토익점수, 다량의 자격증 보유, 다양한 대외활동 등의 스펙을 보유한 취준생들에게 '스펙이 좋다'라고 표현한다. 여기에 '명문대학+인기학과'라는 타이틀까지 보유하고 있다면 '무적의 스펙'이라고 불려도 이상하지 않을 것이다. 이러한 스펙을 가지면 자신이 원하는 기업으로 골라서 들어갈 수 있을 것 같다는 생각도 하게 된다. 하지만 이러한 '무적스펙', '황금스펙'을 가진 취준생들도 최종합격까지는 30% 이하의 결과를 얻는다. 10개의 기업에 지원하였을 때, 3개 이하의 기업에서 최종합격이라는 성적을 얻게 된다는 뜻이다. 우리가 예상하는 것보다 성적은 크게 좋지 않다.

예를 하나 들어보자면, 3~4년전 어떤 유학생 출신의 취준생을 만났었다. 스펙은 간단하게 '중학교 부터 미국 유학, 세계 상위 10대 대학, 경영학 전공, 4개국어(한국어, 영어, 스페인어, 러시아어) 가능, 성적 최상위권 장학생, 교환학생 2년' 정도로 소개할 수 있을 것 같다. 이렇게 써 놓고 보니 간단하지 정말 대단한 스펙이라는 생각도 든다. 필자가 컨설팅 했던 취준생들 중 상위 10위 안에 들었던 스펙으로 기억한다. 그런데 대학 재학 중 휴학기간도 상당하였고, 졸업 후 스타트-업을 하면서 30대 초반의 나이가 되어 버렸다. 대기업의 거의 모든 서류전형에서 탈락을 하면서, 필자를 만나게 된 것이다. 이 정도의 스펙이면 나이와 상관없이 면접도 한번 볼만 한데 말이다. 필자와 컨설팅을 통해서 대기업에 취업에 성공하였지만, 아주 힘들게 진입한 케이스였다.

취준생이 지금껏 쌓아놓은 스펙과 기업이 원했던 스펙은 달랐다.

기업에 원하는 스펙과 취준생들이 준비하는 스펙에는 다소 큰 격차가 존재한다. 기업에서는 '일반적인 스펙'보다는 '실무중심의 스펙'을 쌓으라고 수년째 말해오고 있다. 하지만, 취준생들의 입장에서는 특정기업, 특정직무에 자신의 스펙이 매몰되기 보다는 여기 저기 다 사용할 수 있는 일반적인 '스펙쌓기' 현상이 여전하다. '직무 전문화'라는 인사적 고급용어를 '매몰된다'라는 표현으로 써야 하는 현재의 상황이 씁쓸하기까지 하다. 앞서 이야기한 바와 같이 스펙은 분산이 되고, 쉽게 만들어 질 수록 그 가치가 하락한다.

그냥 다 하면 되는데? 왜 골라야 하죠?

대부분의 취준생들은 대기업과 중소기업을 놓고 필자에게 선택 또는 추천을 요구한다. 어느 방향을 잡아야 할지 정해 달라는 것이다. 그런데 정해야 할 사안이 아니다. 그냥 둘 다 하면 된다. 그리고 '최종합격'이라는 성적을 받아 들었을 때, 그 때 결정을 하면 된다. 대기업, 중소기업을 갈라서 선택해야 할 만큼 우리에게는 여유가 없다.

13

직업을 선택할 때에 무엇을 고려해야 하나요?

평생 끝나지 않을 직업선택의 딜레마

어릴 적부터 성인이 된 이후에도 직업 선택에 대한 고민은 끝나지 않는다. 이후에도 죽는 날까지 자신이 하는 일이 나에게 적합한 일인지에 대한 고민은 시원하게 끝나지 않는다. 그리고 이러한 고민이 끝내고 새로운 직업에 용기를 내기 보다는, 포기하는 것으로 매듭을 짓는 경우가 더 많다. 보통의 선택들은 만족스럽지 않은 경우가 더 많다. 이상적인 직업을 고민하기 보다는, 개인별로 주어진 환경에 따라서 자연스럽게 직업선택으로 이어지기 때문이다.

전공은 스펙이 아닌, 직업적 선택을 방해하는 장애물이 될 수도 있다.

대한민국의 대학 입시생들은 자신의 관심사 보다 '수능점수'와 '수시 합격 가능성'을 가지고 대학과 전공을 선택하게 된다. 직업에 대한 첫 단추가 잘 못 끼어지는 순간이다. 사회적 분위기가 판검사, 의사, 약사 등과 같은 전문직이 아니면 특별히 존중받기 어렵고, 그 자리의 숫자는 매우 한정적이기 때문이다. 이러한 한정적인 환경에서 우리는 최선의 선택을 하는 것일 뿐인데, 결국 그 최선의 선택이 직업에 큰 영향을 미치고야 만다. 필자는 역설적으로 취업연계성이 낮은 인문/예술전공 출신자들이 직업 선택에 있어 더 자유롭다고 생각한다. 쉽게 이야기하면, 취업에 직접적으로 연관이 있는 스펙이 많지 않으니, 무엇을 선택하든지 자유로운 조건이 형성되기 때문이다. 모든 것을 쉽게 비워내고 다시 시작할 수 있다는 긍정적 의미다. 하지만, 자신의 전공을 살려서 직업(직무)과 연계되는 경우에는 자신이 투자한 시간과 노력에 대한 '본전생각'이 나고, 그것이 취업시작에서 유리할 것이라 판단한다. 전공-취업연계성을 통해서 취업시작에서 스펙적 우위를 가지기 위한 나름대로의 전략적 선택이기도 하다. 그럼에도 불구하고 취업시장의 수요와 공급에 따라서 전공을 살려서 성공적인 취업까지 이루어지는 경우는 '인기전공'이 아니고서야 모두가 가질 수 있는 성과가 아니다. 그렇게 '전공의 늪'에서 벗어나지 못하는 장기 구직자들이 많이 생겨나고 있고, 이것이 고학력자일 수록 더욱 심화되어가고 있는 현실이다. 필자는 6개월 이상 장기구직으로 이어지고 있는 구직자들에게 자신이 가진 직업과 경험, 자격증 등 모든 스펙을 내려놓으라는 이야기를 많이한다. 그래야 비로소 넓은 시야로 다양한 직업들을 바라볼 수 있기 때문이다.

당신이 '직업 선택'에 신중을 기해야 하는 이유

앞서 이야기한 바와 같이 자신이 원하는 전공을 선택하지 못했던 사람들은 대학에서의 학습활동이 고되기만 했을 것이다. 4년이라는 시간 동안 전공보다는 외부활동에 기대어 그 스트레스를 풀었던 기억이 있을 텐데, 회사에서의 직업도 비슷하다. 자신이 원하는 직업을 선택하지 못할 때, 퇴근시간만 기다려지는 것이 마치 평행이론 같은 현실이다. 차이가 있다면, 그 고통의 시간이 대학처럼 4년이 아닌 40년이 될 수도 있다는 점이다. 필자와 같은 사람은 감내하기 어려운 고통이지만, 그럼에도 불구하고 '직업의 즐거움'보다 '생계수단으로서의 직업'을 선택하는 이들이 여전히 더 많아 보인다. 다행인지 불행인지, 급속한 세대 변화가 직업에 대한 새로운 가치관을 변화시켜가고 있다. 현재는 전환점에 있다 보니, 입사 이후 빠른 시간 안에 이직하는 현상이 반복적으로 이루어지고 있다. 이는 회사의 작업환경에 따르는 문제도 있겠지만, 직업적 가치관이 명확하게 정립되지 않은 상태에서 그에 대한 직업정보의 접근이 약해 '직업적 이상'과 '현실의 격차'로 발생하는 현상이라고 할 수 있겠다.

직업을 선택할 때 고려해야 할 4가지

커리어 설계를 진행할 때 다음의 4가지는 반드시 상담 항목에 포함되어 있다. 스스로 커리어 설계를 하는 것은 한정적인 면이 있지만, 직업 선택에 고려해야 할 변수들을 폭 넓게 이해하는데 도움이 될 것이다. 순차적으로 개인의 생각들을 정리해 보기 바란다.

(1)과거: 보유 또는 잠재적 역량, 직업적 성격, 조직에서의 나를 찾아보자.

사람들은 "당신은 쾌활한 성격이니, 영업을 해야 한다.", "당신은 꼼꼼한 성격이니, 회계를 해야 한다.", "당신은 조용하고 진득한 성격인, 개발자를 해야 한다."라는 말을 쉽게 내 뱉는다. 특정한 성격에 너무 쉽게 직업을 대입하는 것이다. 성격이 밝다고 하여 다 영업을 하는 것은 아니다. 때로는 직업이 성격을 변화하게 해 주기도 하고, 자신이 알지 못했던 역량을 알려주기도 하며, 직업을 통해서 스스로 개발되어질 수도 있는 것이다. 단 하나의 증거로 직업을 매칭하기 보다는 보다 섬세하게 자신의 모습을 살펴볼 필요가 있다. 내가 남들보다 잘 했던 것은 무엇이고, 그것을 잘 했던 이유는 무엇인지… 이렇게 하나씩 자신의 모습들 속에서 직업을 발견해야 하는 것이다. 다만, 직업적 정보가 대부분 취약하기 때문에 전문가 또는 해당 직업에 종사하는 사람들과 다양한 채널을 소통을 해야만 한다.

(2)현재: 나의 상황과 나의 스펙에 대한 객관적 사실에 집중하자.

직업적 선택을 할 때, 자신의 스펙적인 부분은 배제하고 생각하라고 한 것은 '6개월 이상 취업시장에서 실패' 했을 때 고려해야 할 사항으로 한정하였다. 자유로운 선택을 하더라도, 보이지 않는 선을 넘는 것은 매우 위험한 발상이다. 자신의 학습능력과 생활 여건에 맞지 않게, 의학전문대학원, 행정고시, 법학대학원 등을 결정하는 것은 진지하게 고민해야 한다. 그리고 실패시의 플랜B에 대해서 철저히 준비하지 않으면 안 된다. 일반기업의 취업으로 한정된 상황에서는 직무는 보다 자유롭게 선택할 수 있지만, 장기간의 비용과 노력이 수반되어야 하는 결정에 대해서는 너무 모험적이지 않았으면 한다. 이는 직업 설계에 대한 정보가 취준생들에게는 너무 부족해서 자칫 '실패를 유도하는 로드맵'을 만드는 실수를 저지를 수 있기 때문이다.

(3)미래: 30년 후의 나의 모습을 상상하자.

성공적인 커리어를 이룬 나의 모습, 목표를 달성하기 위한 가장 큰 동기요인은 목표가 명확해지는 것이다. 동기가 있어야 열정이 생기고, 행동으로 이어진다. 많은 이들은 '정년까지 근무하기', '월급만 꼬박꼬박 잘 받기', '평범하게 사는 것', '부자가 되는 것', '직업적으로 성공하는 것' 등으로 자신의 비전을 말한다. 개인별 차이는 있겠지만, 출발점은 추상적인 것에서 시작되어도 좋다. 하지만 이것이 비전, 목표설정의 끝이 되어서는 안 된다. 평범하게 사는 것에 대한 기준은 무엇인지, 사회에서의 경쟁을 뚫고 어떻게 그것을 이룰 수 있을 지에 대한 상세한 내용을 적다 보면, 하나 씩 명확해지기 시작할 것이다.

(4)매칭: 세 가지를 조합한 가장 이상적인 취업전략을 구성하자.

위의 3가지 내용이 구체화 되었다면, 취업시장의 현실과 자신의 스펙을 고려하여 취업전략과 방법을 결정하고 그에 따르는 노력이 이루어져야 한다. 취업전문가를 통해서 이러한 매칭을 쉽게 현실화할 수는 있지만, 비용 투자의 여유가 없는 경우, 앞서 이야기 한 바와 같이 가급적 업계에 관련된 다양한 사람들을 만나보라고 추천하고 싶다. 취업컨설턴트를 만나는 것보다 현실적인 조언과 비전에 대해서는 그들이 더욱 전문가이기 때문이다. 한 가지 팁을 더 주자면, 해당 직업에서 성공적으로 적응을 하였거나, 일을 즐기는 사람들과 대화를 해야 한다. 멘토링을 해주는 멘토가 일 자체를 싫어한다면, 부정적인 조언만 가득할 것이기 때문이다.

취업의 첫 순서는 반드시 '커리어 설계' 이어야 한다.

일반적으로 취업컨설팅을 할 때에 '역량상담-커리어 설계-취업전략-서류작성-면접훈련-취업관리'의 순서로 진행된다. 첫 단추가 잘 못 끼워지면 다시 원점으로 돌아가야 하는 것이기 때문에 하나 하나씩 차분히 준비해 나아간다면, 그렇지 않았을 때보다 훨씬 좋은 취업성과를 이룰 수 있기 때문이다. 대부분의 취업학원에서는 지원자 관찰하고, 분석하는 과정은 빠져있다. 반드시 1:1로 진행해야 하기 때문에 강의 체제의 학원에서는 수행이 불가능하다. 그리고 취준생들 조차 '당신은 이런 스펙을 가졌으니, 이런 기업에 지원하세요'라는 답을 듣기를 원한다. 자신이 스스로 선택을 하기 보다는 외부조력으로 결정되는 것이 마음이 편해지기 때문이다. 하지만 당신의 인생은 그 누가 대신 살아주지 않는다는 점을 기억해야 한다. 그런 결정에 따라 행동한 결과 또한 결국 자신 스스로 책임져야 하는 몫인 것이다.

14

직업정보를 얻는 가장 바람직한 방법은 무엇인가요?

우리가 사는 세상에는 다양한 직업들이 존재하지만, 이제 막 대학을 졸업한 이들에게는 직업 선택의 폭이 매우 제약적일수 밖에 없다. 현재 보유한 스펙환경(대졸자, 자격증, 대외활동 등)을 내 동댕이치고 새로운 직무를 찾는 다는 것이 너무 막막하고, 새로운 직업을 모색하기에는 너무 늦은 시점이라는 인식이 있기 때문이다. 기존의 스펙을 활용하든, 새로운 직무를 모색하든 우리가 할 수 있는 선택지를 찾아야 하는데, 이에 도움이 될 수 있는 웹사이트와 활용방법에 대해서 알려주고자 한다. 사이트 본래의 목적보다는 해당 사이트들을 이용한 후기의 측면에서 평가하였음을 미리 알린다.

(1)직업정보: 한국직업정보시스템(www.work.go.kr),

워크넷-직업진로(www.work.go.kr)

대한민국의 직업정보를 가장 체계적으로, 쉽게 이해할 수 있도록 만들어 놓은 사이트는 고용노동부에서 운영하는 "한국직업정보시스템"이다. 직업에 대한 상세정보와 필요한 지식 등이 잘 정리되어 있다. 다만, 산업적 특징이나 기업규모에 따라서 직무특성도 바뀌는데, 현실적인 측면에서는 약간의 정보격차가 느껴지기도 한다. 그렇기에 직업적 트랜드가 잘 반영되어 있다고 보기에는 어려움이 있다. 그럼에도 불구하고, 다양한 직업군에 대해서 이해도가 낮다면, 기초적인 지식을 쌓는데 큰 도움이 될 것이다. 마치 '대학수업에서 원론 교과서를 보는 느낌'이라면 적절한 표현이 될 것 같다. 대부분의 원론교재들이 이론 배경을 탄탄히 잘 다루고 있으나, 현실적 상황과 실무적인 측면에서 적용하면, 발생하는 차이 정도? 딱 그 정도의 아쉬움이 남는다.

(2)경력개발 정보: 국가직무능력표준(NCS/ www.ncs.go.kr)

'NCS채용'은 최근 공공기관 및 공기업에서 최근 활성화되고 있는 채용 방법이다. 국가에서 직무능력에 대한 표준을 만들어, 그에 맞는 인재들을 양성하고 채용하기 위한 기준이 되는 정보들을 싣고 있다. 공기업을 준비하는 취업준비생이라면 반드시 보아야 정보이다. 정부에서는 이러한 NCS를 민간기업으로 확대하고자 다양한 사업을 펼쳐 왔지만 보급에서 활용까지 가야할 길은 멀어만 보인다. 민간기업들은 자신들에게 맞는 직무시스템을 가지고 있는데 NCS기준으로 맞추어야 할 이유도 없고, 맞지도 않기 때문이다. '한국직업정보시스템'에서 직업에 대한 기초적인 정보를 얻었다면, NCS에서는 커리어 필요한 역량과 채용기준들을 살펴볼 수 있는데, 민간기업의 지원자라면 참고만 할 것을 권유한다.

(3) 채용정보: 사람인, 잡코리아, 원티드

구직자도 구인기업도 가장 많이 이용하는 사이트는 역시 '사람인'과 '잡코리아'다. 취업활동을 할 때, 이 두 사이트를 중심으로 구직활동을 하는 것이 가장 효율적인 방법이다. '사람인' 사이트는 헤드헌팅/파견회사 등의 계약직 채용공고를 별도로 탭으로 다루고 있어, 인터페이스 자체가 정규직 채용공고를 검색하는데 더욱 용이하다. 또한 스팸성 채용공고(부동산 분양, 보험사 영업, 투자상담 등)의 노출이 '잡코리아'에 비하여 적은 편이다. '잡코리아'는 오래 된 명성답게 채용공고 기업의 수가 더 많아 보인다. 중견기업 이상의 경우에는 '사람인'이든, '잡코리아'이든 다 노출이 되지만, '잡코리아'는 중소기업 채용공고가 더 도드라져 보인다. 앞서 이야기 한 것과 같이 스팸성 채용공고도 있지만, 중소규모의 회사에서는 '잡코리아'의 선호도가 더 높지 않을까 생각된다. 필자의 경험에는 네임밸류가 다소 떨어지는 중소기업의 경우, '잡코리아'에서의 지원률이 '사람인'보다 더 좋았기 때문이다.

이 두 사이트의 채용공고 모니터링은 필수적이다. 대기업 채용공고의 경우에는 취업포털에서 '대기업의 채용홈페이지'를 모니터링하여 정보를 업데이트 하지만, 중소기업에서는 채용공고를 '사람인' 또는 '잡코리아' 중 하나만 올리는 경우도 심심찮게 볼 수 있기 때문이다.

최근에는 '원티드'라는 취업포털도 새롭게 조명되고 있는데, "스타트업 기업, 개발자 중심, 10년 차 이내의 경력직"으로 특화되어 있다는 느낌을 받았다.

(4)기타의 취업 및 직업정보: 취업카페, 직무별 온라인 모임, 직무별 단체 등

'취업 카페'나 '직무별 카페'에서 채용정보를 올려놓는 경우가 많이 있다. 대부분 구인기업에서 올리는 것이기 보다는 각 카페에서 채용공고를 수집하여 정리하는 방식을 띤다. 기업에서는 입사지원의 질도 중요하지만, 양적인 측면도 중요하다. 그렇기에 한정된 인원들이 열람할 수 있는 특정의 사이트만 독점적으로 구인광고를 하는 경우는 드물다. 다만, 긴급하게 채용하지 않은 '상시채용'의 경우에는 특정 직무의 경력자들이 주로 찾는 사이트에 구인광고를 하는 경우가 종종 있다.

간혹 '취업카페', '직무별 단체카페'의 정보에 의존하여 구직활동을 하는 이들도 있다. 자신들이 놓치고 있는 구인광고는 없는지 취업포털 사이트와의 크로스 체크는 필수적으로 해야 한다. 각 카페들이 취업시장내의 정보를 100% 다 다루고 있다고 보기에는 한계가 있기 때문이다.

(5)기업후기 정보: 잡플래닛, 블라인드, 크레딧잡

취업준비생, 이직자들에게 가장 핫한 사이트는 '기업후기' 사이트다. MZ 세대에서 워라밸과 복지제도, 기업문화가 취업과 이직에 매우 중요한 요소이기 때문이다. 그렇기에 '기업에 대한 근로자들의 평판'을 가지고 지원을 하거나, 입사를 하는 등의 의사결정 기준으로 활용한다. 일부 기업들은 '기업 후기'가 매우 부정적으로 쓰여 있어서 면접참석률이 매우 낮고, 실제로 채용 비용이 증가하고 있는 상태에 있다. 후기 점수와 내용을 보면, 대한민국에 갈만한 회사는 1%도 안 되어 보인다. 대부분 기업들은 긍정 평가보다는 부정적인 평가가 대부분을 차지하고 있기 때문이다. 보통 퇴사자의 입장에서 작성되었기 때문에 부정적이고, 감정적으로 작성될 수밖에 없음을 고려하여야 할 것이다.

제 장점을 살릴 수 있는 직업은 무엇이 있을까요?

가장 잘 알고 있는 나, 그러나 가장 확신할 수 없는 나

'장점을 살릴 수 있는 직업'은 자신의 장점을 파악하고, 보다 깊은 직업지식으로 매칭해야 하는 문제이기 때문에 쉽게 해답을 꺼낼 수 있는 질문은 아니다. 애초에 개인의 장점이 무엇인지 확정하는 것 자체가 쉬운 일이 아니기 때문이다. 대부분의 취준생들이 어렵게 생각하는 것 중에 하나가 자신의 장점을 발견하는 것이지만, 상대적으로 비교가 쉽지 않아 장점을 정의하는 것 또한 수월하지 않다. 개인의 성격, 가치관에 따라서 장점으로 인지하는 범위가 각기 다르고, 우리는 객관적 판단을 이끌어낼 경험도 충분하지 않기 때문이다.

장점을 꼭 정의해야 한다면⋯

각 개인의 장점을 발견하기 위해서는 다양한 상담기법의 시도가 필요하다. 필자는 인사컨설팅을 했었던 경험을 살려 '역량모델링'을 기반으로 개인의 장점과 우월한 역량을 발견하는데 초점을 맞추고 있다. 하지만 취준생들이 이러한 전문지식과 경험을 소유할 수 없기에 조금 더 간단한 방법으로 생각을 정리하면, 쉽게 해답에 도달할 수 있을 것이다.

> (1) 우선 자신과 비슷한 환경에 놓인 친구, 지인들을 비교 대상군으로 삼아보자.
> (2) 자신이 지금까지 살아오면서 가장 자랑스러워할 만한 업적(경험) 10가지를 적어보자.
> (3) 주변 사람들이 나를 평가하는 성격 유형에 대해서 10가지를 적어보자.

100명의 비교군이 있다고 가정할 때, 10가지의 경험 중 나만이 있을만한 경험을 뽑아보자. 즉, 100명 중에 1명 정도 경험했을 만한 희소한 경험과 역량을 갖추었다면, 해당 역량을 자신의 강점인 역량으로 사용해도 무방할 것이다. 성격 또한 100중 내가 1등을 할 정도로 뚜렷한 성격이라면 자신의 성격으로 정의해도 무방할 것이다. 이는 자기소개서 작성소재로서도 활용이 가능할 수준이다. 추후 자기소개서 작성방법을 이야기할 때 자세히 다루도록 하겠다. 만약, 20개의 사례가 모두 지워졌다면, 그 확률을 조금 더 높여보면 된다. 1%가 아닌 5%, 그리고 10%로 순차적으로 확률을 올려서 생존하는 키워드들이 3-4가지 정도로 압축되면, 가장 간단하게 자신의 장점을 정의하는 방법이 될 것이다. '가장 잘 했던 것', '가장 뚜렷한 성격'으로 단순하게 정의하지 않고, 이렇게 '나열법'과 '비교 집단'을 활용하는 것은 개인의 생각이 아닌 조금 더 상대적이고 객관화된 기준을 마련하기 위해서이다.

성격을 정의할 때의 주의점

자신이 가진 강점(장점)에 대해서 누군가 검증하려 한다면, 그에 따르는 충분한 사례가 있는지 확인을 해야 한다. 특히, '적극성', '열정'과 같은 단어로 정의할 때 더욱 주의를 기울여야 하는데, 모든 사람들은 자신이 좋아하는 관심사항에 적극적, 열정적이기 때문이다. 꼭 포괄적인 단어로 정의해야 한다면, 그에 따른 상황변수도 함께 정리하는 것이 좋다. 예를 들면, 'OO하는 상황에서 OO하는 것에 적극적인 성격'이라고 메모를 해 놓으면 나중에 자소서를 작성하는 데에 큰 도움이 될 것이다.

장점(강점)과 직업(직무)를 매칭할 때는 보다 조심스러운 접근이 필요하다.

직업(직무)는 특정 하나의 역량(능력/강점)이 있다고 하여 좋은 성과를 내거나, 직무를 잘 수행한다고 평가되는 것은 아니다. 물론 '글쓰기 재주'가 있어, 작가나 카피라이터가 될 수도 있겠지만, 우리가 생각하는 일반기업에서 이러한 직무는 매우 희소하다. 일반적인 공채시장에서 진입할 수 있는 직무에 대한 연결이 더 중요하다는 것은 여러분들도 이미 알고 있는 현실일 것이다.

예를 들어, '글쓰기 재주'를 기업의 직무단위인 '기획'으로 본다고 가정하

자. 기획 안에서도 '인사기획, 재무기획, 생산기획, 마케팅 기획, 경영기획, 영업기획, 상품기획, 연구기획 등' 다양한 기획단위의 세부 직무가 있다. 우리가 정의해야 할 직무 매칭의 범주는 이렇게 세분화된 직무 단위이어야 한다. 그렇기에 직무에 대한 매칭은 보다 체계적으로 접근을 해야 한다.

장점만 살리는 직업 매칭도 실패할 확률이 높은 이유

대부분의 취준생들은 자신이 가진 경험, 전공, 학력, 자격, 성격, 강점 등을 기반으로 자신이 유리하다고 판단되는 직업(직무)을 결정한다. 이는 자칫 미래를 보지 못하는 근시안적인 결정이 될 확률이 높으며, 직무실패로 인하 조기이직으로 연결될 수도 있다. 그 실패확률이 높은 이유는 '미래'가 빠져 있기 때문이다. 앞서 이야기한 바와 같이 직업은 과거(역량/성격), 현재(스펙), 미래(직업적 비전)이 조화를 이루어야 하기 때문이다.

좋은 직장에 들어가서 빨리 퇴사하는 사람들은 왜 그런 가요?

최근 우리는 '남들이 좋다고 하는 직장'에 입사해서도, 오래 다니지 못하고 이내 퇴사하는 사람들을 자주 볼 수 있다. 퇴사하는 사람도 처음에는 좋은 직장이라고 생각하고 들어갔겠지만, 들어가서는 자기가 생각했던 것만큼 좋은 회사라고 생각되지 않았던 모양이다. 하지만, 그런 회사조차도 누군가에게는 좋은 직장임이 분명하지만, 몇 가지의 사례를 살펴보고 회사를 선택하는 안목을 넓혀보자.

기대와 현실의 차이: 너무 높았던 기대와 환상, 내가 꿈 꾸던 직장은 없는 것인가?
⑴누구나 한 번쯤은 이름을 들었을 만한 기업에 입사를 하게 되면, 미디어에 홍보되는 '연봉과 복지'가 나를 기다리고 있을 것이라는 생각한다.

그런데 그 '연봉과 복지'는 실질적으로 내가 아닌 다른 사람들에게만 적용되는 일이 발생한다. 때로는 그러한 '연봉과 복지'를 내가 수혜 하더라도, 그 이상의 노동과 스트레스가 부과되기도 한다. (2)개방적이고, 수평적인 문화를 가진 기업이라고 알려졌는데, 우리 팀만 보수적이고, 이기적인 문화를 가지고 있다. 회사는 개방적인데 팀은 폐쇄적인 경우도 상당하다. (3)시장을 선도하는 중견기업이어서, 매우 체계적인 시스템을 갖추었을 것이라 생각했는데, 오너 말 한마디에 수 십 명의 목숨 줄이 왔다 갔다 하는 회사도 있다.

이렇듯 기업조직, 특히 조직문화는 외부에서 보이는 것과 내부인이 직접 체감하는 것은 하늘과 땅 차이이다. 대부분의 근로자들은 '기업 문화'보다, '팀 문화'에 더 많은 영향을 받게 되는데, 자신과 맞지 않는 팀 문화를 쉽게 이겨내지 못하고 떠나는 것이다. 이제는 이직이라는 것이 '사회생활 부적응'으로 치부되는 시대는 지났다. 그렇기에 신입사원들의 '조기이직'의 자유는 커졌고, 기업들도 이러한 '조기이탈'에 대한 고민을 심각하게 받아들여야 할 것이다.

임시적 취업: 안전빵이어서 들어간 회사, 영 만족스럽지 않은 바늘방석

취준생 딱지를 떼기 위해, '어느 회사라도 일단 들어가서 자리를 지키면서 대기업, 공기업을 천천히 알아보자'라는 심리로 취업을 하는 경우도 상당하다. 대학에 합격했음에도 불구하고, 재학 중에 편입 준비를 하는 학생들을 비난할 수 없는 것처럼, 현재 취업시장을 고려한 자연스러운

'취업전략'을 엄격한 윤리적 잣대로 비난 할 수만은 없다. 다만, 이렇게 임시적으로 들어간 기업이 과연 개인한테 도움이 될지는 미지수이다. 물론 임시 취업이라고 생각해서 들어갔는데, 막상 일을 해 보니 회사 문화도 만족스럽고, 처우도 좋고, 더우기 동료들까지도 좋아서, 계속 그 회사에 머무르는 경우이다. 하지만, 대부분의 경우에는 쉽게 정을 붙이지 못하고 아웃사이더가 되는 경우가 흔하고, 현실적으로 회사업무 때문에 대기업, 공기업 준비가 쉽지 않은 경우도 많다. 그렇게 시간이 지나다 보면, 회사도 만족스럽지 않고, 미래도 만족스럽지 않은 상태가 이어져 결국에는 퇴사 로 이어지는 경우가 발생한다.

현실적 직무: 내가 생각했던 것은 이 일이 아니었다.
사회초년생들에게는 기대하고 생각했던 일과 현실에 대한 괴리감(실망)으로 인해, 직장을 떠나는 경우가 적지 않다. 취준생들은 "온라인마케팅"을 다양한 온라인 매체 또는 SNS 플랫폼에서 마케팅전략을 기획하고, 소비자들의 반응에 따라서 창의적인 아이디어로 성과를 일구어 내는 흥미로운 직업으로 인식한다. 그리고, 추후에는 마케팅 기획자, 전략가로써 성장할 수 있음에 비전을 꿈꾼다. 그러나 이러한 직무 설명은 중견기업 이상의 시니어들에게나 어울릴 만하다. 특히 온라인마케팅 분야는 대부분 '온라인 마케팅 대행사'로의 취업이 가장 많은데, 현실적으로 페이스북 홍보용 페이지를 제작, 인스타그램의 인플루언서들과 파워블로거들에게 홍보성 리뷰 진행, 인터넷언론사 홍보형 뉴스 게재 등 기획자이기보다는 관리자에 가까운 실무를 수행해야 한다. 이렇게 직무 격차가

크다 보니, 이직이 많아지고, 누구나 쉽게 업무 적응이 가능한 만큼 진입장벽이 낮아 저임금(최저임금) 근로자를 빨리 수급할 수 있다. 이 업계에서는 20대의 팀장들도 쉽게 볼 수 있는데, 능력이 좋아서 팀장이 되는 것이 아니라, 오래 버티고 있어서 팀장이 된다는 이야기를 들은 적이 있었다.

필자가 온라인 마케팅을 예로 들었지만, 거의 모든 신입직무에서는 이상적인 '일의 질'을 찾기 어려울지 모른다. 과거보다 허드렛일이 줄기는 하였지만, 신입사원이 이상적인 업무를 하기 위한 역량이 갖추어지지 않은 미완성의 상태라는 점을 인식해야 하기 때문이다. 그래서 배워가는 과정으로서의 허드렛일은 그 나름대로의 할만 한 이유가 있다. 하지만 허드렛일 자체가 미래인 회사에서는 그 누구라도 빨리 퇴사하고 싶은 마음이 들지 않을까?

타협 불가: 이 회사만 아니면 된다!

"지금도 괜찮지만 더 좋은 회사를 가고 싶다"는 이직자, "딱히 가고 싶은 데는 없지만 지금 회사만 아니면 된다"라는 이직자, 두 이직자의 이직결과(성과)는 크게 차이가 난다. 회사에서의 업적은 둘째 치고, 목적의식에 따라서 이직의 성패가 결정되기 때문이다. 무엇인가를 피해서 이직을 하는 경우, 또 다른 무엇인가에 의해서 재차 이직을 시도하게 된다. 즉, 이직을 해야 하는 위협요소가 다른 형태로 계속 발생된다는 것이다. 물론 피치못할 사정으로 이직을 할 수밖에 없는 상황에 몰릴 수도 있다. 필자는 당신이 그런 상황에 처한다 하더라도 이직의 목적 자체가 반드시 경력개발에 도움이 되는 방향으로 나아가길 권하고 싶다.

17

대기업 보다 중소기업이 좋은 이유가 있나요?

고용의 안정성과 높은 수준의 처우 때문에 취준생들이 대기업을 선호하는 것은 두말할 나위가 없는 현실이다. 하지만, 필자는 중소기업에서도 즐겁게 일 해 본 경험을 가지고 있기에 대기업을 선망의 대상으로 뽑지는 않는다. 좋은 회사, 나쁜 회사의 구분이 대기업이냐, 중소기업이냐의 문제는 아니며, 각기 직무에 따라서, 업무의 스타일에 따라서 호불호가 갈릴 수 있다는 점을 설명해 주고 싶다.

뚜렷한 임금의 차이

전통적으로 대기업은 경쟁력 있는 인재를 유치하기 위해서 고임금 정책 펼친다. 임금구조를 보면, 기본급만 보았을 때, 고임금이라고 할 만큼 지급되지 않는다. 그러나 기본급을 제외한 고정상여의 비율이 400%~800%까지 지급하기 때문에 실질적으로 수령하는 임금은 고임금이 되는 것이다. 지난 수 년 간 일반적으로 대기업의 평균임금을 3,400~4,500만원 수준으로 평가하는 것이 합리적이 할 것이다. 물론 일부 대기업과 금융기업들은 5,000만원을 넘어서기도 하지만 몇몇의 기업에 한하고, 평균적인 임금과는 큰 격차를 보인다. 이에 반하여, 중소기업은 2,600~3,200만원의 연봉을 받는 경우가 흔하다. 대기업과의 격차도 크지만, 중소기업 간의 직무, 산업에 따라서 대기업 수준 이상으로 연봉을 지급하는 경우도 더러 존재한다.

신입사원 채용 마인드

대기업 취업 시, 고스펙을 가진 취준생들이 유리한 점은 사실이나, 항상 고스펙자들만 채용되는 것은 아니다. 앞서 이야기했던 것처럼 자신을 잠재력을 잘 보여줄 수 있는 지원자들도 희망을 가지기에 충분하다. 취준생들 사이에서 "저 친구는 대기업 갈 스펙이 아닌데도, 대기업에 들어갔네?"라는 말을 자주 들을 수 있을 것이다. 대기업은 '미래의 우수한 성과창출 할 수 있는 잠재력 있는 인재의 선발과 성장, 유지'하는 것을 인사전략으로 사용하고 있다. 자신들의 조직에서 치열한 내부 경쟁을 통해 성장한 근로자가 경영자가 될 때까지 내부 인적자원에 많은 공을 들인다. 반면, 중소기업의 경우에는 신입사원을 성장시킬 시간과 비용 투자에 매우 인색한 편이기 때문에 경험이 있는 경력직 구직자를 선호한다. 때로는 다소 나이가 있더라도 구형신입(약간의 경력이 있는 신입사원)을 채용하는 경우가 흔하다.

구성원 간의 경쟁과 협업

대기업 구성원들에게 자신의 노하우와 성과물은 생존도구와 같다. 피라미드 모양의 조직에서 자신의 경쟁력을 확보하는 것이 가장 중요한 문제이다. 따라서 업무적 노하우나 성과를 다른 직원에게 나누어 주는 것에 인색한 편이다. 내가 잘 되기 위한 협업에는 적극적이지만, 회사가 잘 되기 위한 협업에는 시큰둥한 편이다. 이러한 조직문화는 회사의 인사평가 시스템에서 원인을 찾아야하지만, 대규모 조직을 통제하기 위해서는 필연적으로 감수해야 하는 문화의 일종이기도 하다. 반면 중소기업에서는 자신들이 조금 더 나은 질의 업무를 처리하기 위해서(또는 업무의 질을 끌어올리기 위해서) 일을 알려주고, 분업을 하는 데에 적극적인 편이다. 즉, 자신의 커리어 성장에 긍정적인 업무 위주로 담당하고, 성과를 보다 인정받기 쉬운 방향으로 가려 한다.

'거기서 거기' 대기업 문화, '복불복' 중소기업 문화

대기업은 수 천명, 수 만명으로의 인원으로 구성되어 있기 때문에 시스템적으로 경직된 문화를 가질 수밖에 없다. 큰 조직일 수록 유연한 문화를 갖기 보다는 규정과 절차에 의해서 조직화될 때, 그 힘을 발휘할 수 있기 때문이다. 예외적으로 산업의 트랜드가 빠르게 바뀌는 사업을 영위하는 기업의 경우, 조직 유연화에 많은 노력을 기울이고 있다. 그리고 '기업 문화'보다 '팀 문화'가 개인에게 더 큰 영향을 미치는 만큼 좋은 팀 리더를 만나는 것도 개인의 행운이라고 할 것이다. 이런 행운을 제외한다면 경직성의 측면에서 대기업의 문화는 크게 차이를 보이지 않는다. 대기업의 IT계열사이지만 식품제조 계열사보다 유연한 조직문화를 갖지 못하는 경우도 존재한다. 반면 중소기업은 보다 비교적 변화폭이 큰 내외부 경영환경을 가지고 있다. 시시각각 변화하는 변수에 따라서 개개인이 자율과 창의적 사고를 대응해야 하는 일들이 다반사이다. 역할이 큰 만큼 책임도 가중되는데, 이에 따라 시간외 근무로 처리해야 하는 일들이 급증하는 것이다. 특히 스타트-업 기업에서 이러한 특징들이 잘 묻어난다. 그러나 이와는 반대로 대기업보다 더 경직되고, 보수적인 문화를 가진 중소기업도 아직 상당 수이다. 특히 자수성가형 오너가 경영하는 제조산업의 회사는 경영철학이 확고하고, 근로자들을 다루는데 특유의 '꼰대문화'로 MZ세대를 질식시키는 경우도 더러 있다. 채용공고 또는 면접에서 이러한 시그널들을 느낄 수 있는데, 비단 필자와 같은 전문가가 아니어도 근로시간, 임금정책, 근무환경, 면접내용 등을 통해 감각적으로 찾아낼 수 있다.

대기업의 '개인주의' 문화와 중소기업의 '대표주의' 문화

앞서 이야기한 바와 같이 대기업은 중소기업보다 개인주의와 집단이기주의가 강한 편이다. 조직규모가 크다 보니 경영자들과 의사소통 거리가 멀기 때문에 모두가 함께 호흡하는 것이 어렵다. 그래서 회사가 매각 대상이 되고, 법정관리에 들어가도 복지비와 각종 수당은 꼬박꼬박 챙겨간다. 최근에는 몇 년째 적자를 보는 공기업에서 성과급 잔치했다가 언론의 주목을 받는 경우를 심심찮게 발견할 수 있다. 시간이 지날 수록 기업의 애사심은 중요한 잣대에서 벗어나기 시작했고, 개인의 역량과 경쟁만이 남은 직장인들에게 당연히 받아들여지는 현실이 아닌가 싶다. 반면 중소기업에서는 그 날의 대표의 기분에 따라서 하루가 달라질 정도로 경영자가 조직의 분위기를 좌지우지한다. 필자는 그래서 소제목에 '대표주의'라고 칭하였다. 긍정적인 면을 보면, 조직의 위기와 기쁨을 구성원들이 모두 함께 공유하며, 대기업에서 일년 동안 일어날 만한 일들이 중소기업에서는 한 달 안에 다 일어나는 것처럼 버라이어티한 상황들을 연출한다. 이에 재미를 느끼는 사람들도 있고, 조직을 떠나는 사람도 있지만 필자는 중소기업에 일해 볼 만한 이유로 충분하다고 판단된다.

18

중소기업에 다니다가 대기업 갈 수 있나요?

불리한 게임 룰, 그래도 승자는 될 수 있다.

대기업은 치열한 성과 경쟁을 통해서 내부 인적자원을 조정한다. 자신들의 인적자원을 정리하기에도 바쁜 구조에서 외부인력을, 그것도 중소기업 출신의 인력을 대기업이 수급하는 것은 쉬운 결정이 아닐 것이다. 직무에 따라 차이가 있겠지만 대기업 출신자들은 '대기업의 노하우'를 얻고자 하는 중소기업의 스카우트 대상이 된다. 나이가 크게 많지 않다면, 대리-과장급의 이직은 매우 수월한 편이다. 이런 상황에서 중소기업에서 대기업으로 이직하는 것이 마치 바늘구멍에 낙타가 통과할 확률처럼 작게 보여진다. 하지만 존재한다. 아니 존재했다. 필자도 그러했고, 나의 동료가 그러했기에 그 가능성을 믿는다. 전자의 대기업 출신자들처럼 이직에 유리하지는 않지만, 불가능한 일 또한 아니기 때문이다. 중소기업 재직기간동안 경력개발을 위해서 어떠한 노력을 수행하였는지와 이직시점에서의 노동시장의 흐름이 이직에 큰 영향을 미친다. 만약, 다음과 같은 조건이 갖추어진다면, 대기업으로의 이직에 한 걸음 더 다가설 수 있으리라 믿는다.

노동시장에서의 희소성을 살려야 한다.

A는 중소기업 해외영업 부서에 입사를 했다. 수 십년의 거래관계를 유지하고 있는 해외 거래처에 대한 관리와 수출입 통관절차 관리하는 것이 주된 업무였다. 5년간의 경력을 보유한 상태에서 이직을 하고자 한다. 그는 대기업으로 이직을 할 수 있을까? 가정이 조금은 부족하지만, 오너가족이 아닌 이상 현재 가진 경력으로는 대기업에 지원할 만큼의 매력은 없어 보인다.

B도 역시 중소기업 해외영업 부서에 입사를 했다. 색조 화장품 스타트-업 기업이어서 커머스 채널을 통해서 중국과 동남아지역의 시장을 두드렸다. 기업에서도 처음 해 보는 사업채널이어서 입점 전략, 마케팅 전략, 매출 관리, 통관 처리까지 모든 업무를 다루었다. 5년차가 된 지금, 팀장으로서 해외수출 300억을 달성하였다. 그는 대기업으로 이직할 수 있을까? 시장에 흐름에 따라 A보다는 훨씬 더 높은 확률로 대기업 이직이 가능할 것으로 전망된다.

노동시장에서 두 가지의 희소성의 만족해야 한다. 첫째, 노동시장 내의 해당 직무를 수행하는 인력 자체가 희소해지는 경우이다. 현재 시장의 경우에는 'IT개발자'를 구하는 것이 하늘의 별 따기만큼 어려워 일정 실무경력이 채워지면 회사를 개인이 선택해서 이직을 할 수 있는 상황이다. 이렇듯, 노동시장내에 특정 직무의 근무자가 희소해지는 경우, 구직 경쟁력도 상승한다. 둘째, 경험의 희소성이다. 대기업도 경험해 보지 못한 경험, 그래서 자신들에게 필요한 경험을 이미 가지고 있는 인재를 찾는다. 도전적인 사업을 하고 있는 중소기업에서 쌓은 경험이 때로는 자신에게 큰 득이 될 때도 있다.

노동시장에서 경쟁력 있는 스펙을 적어도 하나는 만들어라.
워라밸을 추구하는 분위기가 무르익어 가는 사회적 분위기에서 자칫 찬물을 끼얹을 만한 주장을 해야 할 것 같다. 물론 일을 더 하라는 것은 아니니, 직접적으로 워라밸 의견에 반하는 것은 아니다. 다만 라이프의 방향을 어떻게 잡느냐에 따라 우리의 미래가 달라짐을 인식한다는 점에서 이야기를 하고 싶다. 대부분의 직장인들 되면, 여가시간에는 개인 여가활동 및 휴식에 많은 시간을 할애한다. 대기업으로의 이직을 고려한다면, 이 시간을 조금 아껴 자기계발에 투자할 필요성이 있다. 일반적으로 서너 달 만에 취득할 수 있는 자격증 보다 몇 년을 투자하여 얻을 수 있는 희소한 전문자격증에 투자를 권하고 싶다. 지금은 힘들어도 훗날 그 자격증을 당신을 빛나게 해 줄 것이다.

주니어급 보다 시니어급 인맥을 구축해라.
"대한민국에서 인맥이 그렇게 중요하다고 하는데, 그런 인맥은 어떻게 구축해야 하나요? 도대체 어디서 그런 사람들을 만날 수 있나요?"라는 질문을 필자는 구직자들에게 자주 받는다. 하지만 시원한 답을 내놓기에는 어려움이 있는 질문이다. 각자 처해진 상황에 따라서 방법은 늘 다르다고 생각하기 때문이다. 다만, 대기업 이직의 목적이라면, 각종 세미나 참여, 업계의 사적 모임 등을 통해서 시니어급 인사들의 관계를 우호적으로 이끌고 갈 필요가 있다. 당장의 그들의 회사로 이직하기 보다는 그들의 인맥을 통해서 당신이 추천될 수 있는 경로를 확보하기 위함이다. 자신과 비슷한 경력자들은 실무적으로 도움이 되겠지만, 이직의 측면에서는 가성비가 낮은 네트워크이다. 모든 인맥들이 다 소중하겠지만, 대기업 이직을 위한 '선택과 집중'을 해야 한다면 과감하게 시니어급을 공략해야 한다.

위의 세 가지 전략들은 최소한 3~5년 이상의 노력이 필요하기에 보통의 노력으로 달성될 수 있는 목표가 아니다. '이직의 기회'는 행운만 있어도 얻을 수 있다. 하지만 최종합격하여 이직에 성공하는 것은 '희소성의 가치'와 '노력의 가치'가 쌓은 자만이 얻을 수 있다.

19

나에게 맞는 직업을 찾기 위해서 제가 할 수 있는 방법은 무엇일까요?

커리어 설계에 있어 전문가의 도움을 받을 수 있다면 가장 좋은 일이 겠으나, 모든 이들이 기회를 얻지 못한다는 것은 안타까운 현실이다. 실제 면접을 진행할 때, 개인의 커리어 개발계획 또는 목표에 대한 질문이 많이 일어진다. 대학입시나 회사면접이나 개인 확고한 목표와 신념이 있는 이들과 아닌 이들에 대한 평가결과를 크게 엇갈린다. 비단 면접을 대비하는 것만이 아니어도 조금 더 나은 커리어의 발전을 위해 한 번쯤은 깊은 성찰의 기회가 필요하다.

커리어 설계가 가장 중요한 이유

이전 주제에서 다루어진 바 있으나, 커리어 설계가 잘 되어야 취업도 순탄하게 진행되기 때문에, 새로운 직업을 설계하는 것은 가장 중요하다고 필자는 누누이 이야기해왔다. 실제로 커리어 설계를 통한 취업스펙의 보완, 업직종의 세분화된 취업전략이 있다면 역량중심의 선발과정에서 좋은 성과를 얻을 수 있다. 이러한 커리어 설계를 대부분의 취준생들이 중요하지 않다고 간과하는 경향이 있다. 취준생들의 시야에서는 개인 스펙과 인기 업직종과의 매칭을 통해 취업하는 것이 가장 이상적이라고 생각하기 때문이다. 무조건 대기업이라면 O.K라고 생각하는 매칭전략 때문에 기업이나 청년 구직자 모두가 비효율적인 의사결정을 내릴 수밖에 없는 것이며, 이러한 현상은 청년층 고용시장과 신입사원 선발제도에 큰 영향을 미치고 있다. 최근 대기업 신입사원들의 3년 내 평균 이직률은 50%에 육박하고, 모 금융기업은 1년 내 이직률은 30%에 이른다고 한다. 여기서 퇴사한 친구들이 더 좋은 직장으로 대부분 이직을 했을까? 또 남아있는 친구들은 정말 행복한 직장생활을 하고는 있는 걸까?

커리어설계의 핵심은 '직업적 목표'가 되어야 한다.
대부분 취준생들은 대학시절 진로캠프에서는 「진로설정 로드맵 그리기」를 해 본 경험을 가지고 있다. 그 당시에는 단순히 자신이 관심을 가지고 있는 분야 및 직업에 대해서 도식화 표현을 하는데 초점이 맞추어져 있다. 어떠한 직업적 정보와 상담이 추가적으로 제공되지 않는다. 그렇기에 가슴에 와 닿을 만한 영감을 주지 못한다.
커리어 설계의 핵심은 '미래의 직업적 이상' 또는 '커리어 최종 목표'를 정하고, 그것을 달성하기 위한 직업적 경로를 정하는데 있다. 즉, 지금 자신이 가진 환경에 따라서 '직업적 선택지'를 정하는 것이 아닌 '목표를 달성하기 위한 순차적인 경로'를 정하는 것이 핵심인 것이다.

검증하고 또 검증하라.

커리어 설계를 어느 정도 구상하였다면 사회선배, 교수님, 부모님, 친인
척 등 모든 인맥을 동원하여 자신의 목표와 경로에 대한 의견을 구해 보
아야 한다. 그리고 그것이 합리적인지, 또 타당한 것인지 논의를 해 볼 필
요가 있다. 그들의 의견이 부정적이라 하여, 주눅이 들 필요는 없다. 다만
사람들에게 설명하는 과정, 피드백을 받는 과정에서 자신이 생각하지 못
했던 다양한 정보들을 얻을 수 있을 것이다. 이러한 행동에 소극적일 경
우에는 목표를 실천할 의지가 부족하지는 않은지, 직업경로에 대한 확신
이 없는 건 아닌지, 목표가 건설적이지 못한 것은 아닌지 의심해 보아야
한다. 이제 그런 의심이 걷혔다면, 조금은 자신을 위해서 용기를 내어볼
필요가 있다.

20

내 인생의 성공의 기준과 목표를 잡는 법이 있나요?

성공의 목표와 기준들

일반적으로 회사에서는 특정한 시점에서 달성가능한 수치(기준)를 '목표'
라 부른다. 필자가 이야기하는 '목표'와 '기준'은 동의어이지만 개념적 설
명을 위해 분리해서 보고자 한다. 현재 당신에게 '인생의 목표', '직업적
목표'는 명확 한가? 성공적인 목표를 명확하게 설정하고 사는 사람들은
많지 않다. 치열한 경쟁 속에서 성공을 위한 걸음을 걷겠다고 하면서도,
당장 도래한 문제에서 벗어나고자 발버둥치는 삶을 살고 있는 것은 아닌
지 반성을 할 때가 많다. 지금이라도 자신이 생각하는 이상적인 삶의 방
식과 그 결과에 대해서 상상해 보는 시간을 가질 필요가 있다. 내가 꿈
꾸는 집, 자동차, 취미생활, 사회적 지위, 사람들과의 관계… 무엇이 되었
든 상상을 하는 것으로부터 시작된다. 그리고 그것을 달성할 수 있는 직
업적 성과를 목표로 잡는 것이 중요하다. 미래의 당신이 '경영컨설턴트'

가 되어, 회사의 문제들을 진단하여 솔루션을 제공하는 전문가가 되었다고 가정해 보자. 여기서 중요한 점은 '경영컨설턴트'가 되었다는 것이 '성공의 목표'가 될 수 없다. 능력 있는 '경영컨설턴트'가 되었다는 것도 목표가 될 수 없다. 그 성공의 기준이 '능력 있는', '수입이 좋은', '사회에 도움이 되는' 등의 자의적 해석으로 달성되어서는 안 되기 때문이다. 능력을 판단하는 기준이 무엇이고, 수입이 좋다는 것이 얼마의 수입을 말하는 것인지, 사회에 도움이 된다는 것이 어떤 평가에 의할 것인지, 그 기준들을 명확히 해야 만 목표를 달성하기 위한 계획들이 수립되는 것이다.

취준생이 가지지 말아야 할 목표와 기준

'돈 걱정 안하고 살고 싶어요.', '건물주가 되고 싶어요.', '평생 여행을 하면서 살고 싶어요.', '작은 카페를 하면서 취미생활을 즐기고 싶어요.', '업계에서 전문가로 인정받는 사람이 되고 싶어요.', '부하직원들에게 존경받는 상가가 되고 싶어요.', '그저 평범하게 살고 싶어요.'

상담을 하면서 또는 면접을 보면서 '미래포부'로 많이 들었던 말들을 적어 보았다. 이러한 개념 자체가 무시되어야 할 것은 아니다. 다만, 개념을 앞서 이야기한 바와 같이 '목표화', '기준화'시키는 작업이 반드시 후행되어야 한다.

목표가 중요한 또 다른 이유

취준생들에게 목표가 중요한 현실적인 이유는 '자기소개서 작성-미래포부'와 '면접준비용'이 될 것이나, 직업을 새로이 시작하는 사회인이라는 관점에서 보았을 때, 두 가지의 조언을 전하고 싶다.

첫째, 시작이 늦을 수록 경쟁자들과 격차는 크게 벌어진다는 것이다. 동일한 목표를 가진 경쟁자들은 수 년 혹은, 수 십년간 목표를 향해 달려왔고, 또 달려간다. '사회적응이 끝나면 해야지', '경력이 좀 쌓이고, 시간여유가 생기면 해야지', '결혼을 하고, 안정이 되면 해야지', '아이가 조금 더 크면 해야지', '재정적으로 조금 더 안정되면 해야지'라는 생각으로 차일피일 미루다 보면, 어느 새 정년을 바라보는 나이가 되어 버린다. 대부분의 목표는 내일 해야 할 것은 거의 없다.

둘째, 목표와 커리어 로드맵은 고민과 갈등의 시간을 줄여준다. 당신이 누구와 만나고, 시간을 어떻게 활용하며, 무엇을 구매(투자)할지에 대해서 고민의 시간이 현격하게 줄어든다. 의사결정의 잣대가 명확해지기 때문이다.

커리어 로드 맵, 별거 아니다.

'성공에 대한 목표'를 잡는 것은 자신이 행복하다고 판단되어지는 '미래에 대한 상상'으로 부터 시작한다. 그리고 목표달성을 위한 기준을 정하고, 그 기준들에 부합하기 위해서 지금부터 무슨 준비를 해야 하는지, 5년, 10년이 지난 시점에서는 무엇이 달성되어야 하는지 적어보는 것이 핵심 포인트이다. 그리고 그것이 '커리어로드맵'이 되는 것이다.

필자는 목표가 명확한 사람들과 술자리를 하면, 대화의 주제가 다르다고 이야기한다. 일반적으로 '과거의 회상, 상사의 뒷담화, 사회적 이슈' 등 과거와 현재의 문제를 안줏거리로 삼지만, 전자의 경우에는 사회적, 정치적, 경제적 변화와 가치에 대한 이야기를 주로 하게 된다. 당신은 과거, 현재, 미래 중에 어떠한 것을 이야기하는 것이 좋은가?

자소서의 나, 어떤 모습?

[서류전략] —————————

상상하게 되는 글

21

너무나 평범한 학창시절을 보내서,
자기소개서에 쓸 내용이 없습니다.

평범한 학창시절이지만, 결코 평범하지만은 않았을 것이다.

자신이 가진 경험들을 '평범함'이라고 부르는 사람들이 생각보다 많다. 자소서 인터뷰를 수 백 회 진행하면서, 성장과정, 학창시절의 소재를 못 찾는 경우는 딱 한 가지 밖에 없었다. 피담자가 평범하다고 치부하여, 아무 말도 필자에게 꺼내지 않는 경우이다. 물론 이 경우에도 수많은 질문을 통해서 사례를 끌어낸다. 우리가 모두 같은 인생을 살고 있는 것이 아니기에 평범함으로 자신의 색상을 지우지 않기를 바란다. 동일한 시간 속에서 우리는 모두 삶을 살아간다. 당신의 시간을 허투루 버렸다고 생각하는 것은 당신이 그 경험의 시간을 부정하기 때문이다.

스펙의 시대, 에피소드는 쏟아진다.

학교를 다니면서, 자의든 타의든 '봉사활동, 공모전, 인턴, 알바, 동아리 등' 다양한 대외활동을 수행하게 된다. 그 활동 속에서 자신의 '전공 또는 지원 직무에 유리한 역량 또는 성과'가 발견되는 것이라면, 좋은 사례가 될 것이다. 다만 그러한 사례가 아닐 경우, 해당 조직에서 본인이 어떤 역할이 주어졌는지, 어떤 문제점을 어떻게 해결하였는지, 사람들과의 관계에서 나의 존재감은 무엇이었는지에 대해서 초점을 잡으면 된다.

당신이 재학(졸업유예) 중이라면, 이제부터 만들어도 괜찮다.

대학생들은 이력서의 한 줄을 채우기 위해 아르바이트를 하기도 하지만, 자소서의 에피소드를 만들기 위해서도 아르바이트를 경험한다. 마땅한 에피소드가 없어서 고민중인 취준생들은 그 시간에 단 하루라도 좋으니, 다양한 사람들과 함께 일 할 수 있는 아르바이트를 찾아보는 것은 어떨까? 참고로 카페, 서빙, 배달, 경비, 물류 등의 단순 아르바이트보다 사람들과 부딪치거나 협업하는 판매, 행사, 마케팅 등의 아르바이트가 더 유리한 소재를 만들어 낼 수 있을 것이다. 회사에서는 조직 구성원으로서의 '지원자 행동'에 관심을 가지고 있기에 '객관적-분석적 문제인식, 창의적 아이디어, 원활한 협업과 소통, 탁월한 성과창출 등' 자신의 사례 중에서 가장 매력적인 포인트 살려 작성하면 된다.

22

입사지원서 사진, 조금 오래 전 사진인데 괜찮을까요?

"일반 휴대폰 셀카를 이력서에 사용하는 경우도 있습니다."

"설마… 정말 그런 사람이 있다고요?"

많은 채용담당자들은 요즘에도 셀카 사진이 붙은 이력서를 지원자들 중에서 심심찮게 마주하게 된다. 취업 사진이 당락을 좌우하는 것은 아니지만, 호감도 측면에서는 생각보다 영향력이 있으니 구직자의 입장에서는 신경을 써야 하는 부분이다. 한 번만 잘 찍어 놓으면, 상당기간 사용할 수 있기 때문에, 처음 촬영할 때 주의를 기울여서 준비하도록 하자.

여전히 우려되는 사진들

사진 자체가 없는 이력서, 누가 보아도 오래된 졸업사진, 무표정의 여권 또는 비자사진, 귀여움을 한껏 자랑하는 셀카 사진 등 이력서에 사용될 사진으로는 적절하지 않다고 생각된다. 그리고 제대로 된 취업사진으로는 보이지만, 이력서 상의 나이와 어울리지 않는 젊은 모습의 지원자가 보기도 한다. 10년이 넘는 시간이 흘렀음에도 불구하고, 신입사원 시절의 사진을 사용한 것이다. 경력의 깊이가 생긴 만큼 그에 맞는 이미지메이킹 차원에서도 새로이 촬영된 사진을 쓰는 것이 더 도움이 되지 않을까 생각하게 된다. 그리고 마지막으로 과도한 포토샵 작업으로 인해 실물과 거리가 먼 사진들이 사용되는 경우이다. 이마의 넓이를 조정하고 광택 처리, 잔머리는 깨끗하게 제거, 눈썹은 진하게, 콧대는 오뚝하게, 마지막으로 얼굴의 좌우 밸런스 작업! 그래서 사진 속 우리의 모습들은 점점 닮아가고 있다. 이러한 획일적인 작업들이 우리가 가진 자연스러움에서 나오는 아름다움의 가치를 훼손하는 것은 아닌가 우려된다. 사람의 삶의 흔적들은 얼굴에 그대로 묻어난다고 하지 않은가?

채용에서 사진의 의미

세계적으로 보아도 이력서에 사진을 첨부하는 것은 흔하지 않으며, 서방의 국가에서는 엄격히 금지하는 항목이다. 이력서 상의 사진이 나이, 인종, 성별 등을 차별할 도구가 되기 때문이다. 반면 외모가 차별이 아닌 채용의 기준 되는 직업도 존재한다. 상대적으로 고객 대면이 매우 중요하고, 퍼스널 이미지가 업무에 중대한 영향을 미치는 직무가 그러하다. 특정의 직무를 언급하지는 않겠지만, 이 정도의 설명이면 대략이 추론이 가능할 것이라 믿는다. 외모가 경쟁력이 되는 직업이 아니라면, 이력서 상의 사진은 앞서 이야기한 바와 같이 인상적인 호감을 일으킬 수 있는 수단일 뿐이다. 스펙과 경력을 뛰어넘을 만큼 중요한 것은 아니지만, 관심을 가져야 할 가치는 존재한다.

사진 촬영, 비싸다고 꼭 좋은 것은 아니더라.

우리는 아나운서나 연예인이 아니다. 큰 비용을 들여가며, 사진을 촬영할 이유가 없다. 온라인 상의 '프로필 사진, 이력서 사진'을 검색하면 유명 스튜디오들이 검색된다. 의상과 메이크업 제공하고, 주로 모델 지망생, 승무원 취준생들 프로필도 촬영한다고 광고를 한다. 촬영 비용은 평균 10만원대에 육박하고, 촬영 컨셉도 일반 기업의 취업 사진과는 거리가 있다. 밝은 이미지를 주는 것도 중요하지만, 너무 가벼운 모습, 경쾌한 모습이 때로는 신뢰감을 떨어뜨릴 수 있기 때문이다. 과유불급!

프로필 사진은 가까운 곳에서, 일반적으로 3만원 내외의 비용으로 촬영과 보정을 받을 수 있다. 필자의 컨설팅 고객들도 10만원의 고가 촬영을 한 이후, 다시 일반 스튜디오에서 촬영하는 일이 빈번하다.

촬영 시, 모나리자의 살인 미소가 필요하다.

당신은 '무표정으로 찍어야 할지, 크게 웃어야 할지' 고민에 쌓이게 될 것이다. 필자는 모나리자의 미소처럼 흉내를 내보라고 한다. 입은 살짝 방긋 웃지만, 치아를 들어내지는 않는 수준이어야 하고, 눈 웃음은 크게 절제하라고 이야기한다. 필자가 '모나리자 미소'로 설명은 하였지만, 실질적으로는 '아빠미소'에 가깝다고 할 수 있다. 드라마 또는 예능에서 보면, '놀이터에서 뛰어노는 아이들을 지긋이 바라보는 아빠의 얼굴'을 상상해보라. 말로 표현하기 어려운 안정감, 행복감, 차분함과 부드러움이 동시에 느껴지는 미소이다. 물론 직무의 성격에 따라서 친화력, 적극성이 두드러져야 하는지, 차분함, 객관성, 전문성을 강조해야 하는 지에 따라 약간의 조절이 필요하다.

꼭 쪽머리 스타일 해야 하나? 염색은 아직도 안 되나?

오랜 시간이 지났지만, 아직도 일부 서비스직에서는 쪽머리를 선호하는 경우가 있다. 그리고 대기업, 공기업에 지원하는 취준생들의 사진은 아직도 쪽머리 스타일이 대부분인데, 이는 엄격하고, 단정한 이미지를 만드는 데 유리하기 때문이다. 하지만, 일반 중견기업, 중소기업의 채용서류는 과도하지만 않다면, 자신의 이미지를 가장 잘 표현하는 스타일링을 추천한다. 메이크업, 액세서리, 헤어스타일, 복장에 약간의 공을 들여도 좋다. 과도한 것의 기준은 비교적 단순하게 정의된다. 사진의 촬영된 상태로 면접을 참석하거나, 출근을 하여도 문제가 없을 복장과 메이크업인가의 여부이다.

필자는 전문 '포토그래퍼'도 아니고, '이미지메이킹 전문가'도 아니다. 그저 채용전문가일 뿐이다. 그렇기에 오롯이 채용담당자의 시선으로만 바라보고, 또 설명한다. 나의 글이 갖는 한계성일지는 모르나, '취업사진이 그렇게 전문적이어야 하는 가?'에 대한 의문 또한 가지고 있다. 이 정도를 지키는 것도 어려운 일일지 모르나, 필자는 이 정도만 하여도 충분하다고 보인다.

23

포트폴리오형 이력서가 정말 효과가 있나요?

포트폴리오형 이력서란?

일반적으로 포트폴리오는 디자인계열, 또는 프로젝트 단위의 업무를 하는 직업에서 흔하게 사용된다. 우리는 채용공고 내에서도 포트폴리오를 첨부하라는 지시를 쉽게 볼 수 있다. 그럼에도 불구하고 직무특성과 연관도 없는 '신입사원 포트폴리오형 이력서'가 통할 수 있을까? 필자의 경험을 빌어서 이야기하면, 생각보다 훨씬 좋은 결과를 끌어내는 경우가 많았다. 그러므로 중견기업 이하의 채용에서 활용해 본다면 지금보다 더 많은 면접의 기회를 얻을 수 있으리라 확신한다.

디자인 계열의 경우, 자신이 작업했던 디자인 결과물들을 PPT 또는 PDF 양식으로 만들어서 제출하고, 프로젝트에 대한 포트폴리오는 '프로젝트 개요, 과정, 성과물'을 중심으로 작성한다. 취준생의 포트폴리오 주제는 자신의 이력과 경험, 역량, 성격 등 바로 '자기 자신'이다. 이력서와 자기소개서에 텍스트로 작성되어 있던 자신만의 이야기를 비주얼적인 자료로 '재탄생' 시킨다고 생각하면 된다.

취준생들이 쉽게 이해할 수 있는 양식을 첨부하고 싶지만, 생각보다 트랜디한 부분이 많기에 샘플은 인터넷 검색을 통해서 각자 찾아보기를 권한다. 생각보다 다양한 종류의 개인 포트폴리오를 만날 수 있다. 온라인 자료를 참고는 하되, 되도록 자신만의 템플릿을 스타일링 하기 바란다.

게으르고 나태한 지원자를 저격하는, 포트폴리오형 이력서

대기업 지원 시, 지원서를 온라인에서 직접 입력을 해야 하는 경우, 미리 만들어 놓은 포트폴리오를 있다 하더라도 첨부할 수 없는 경우가 많다. 최근에는 첨부파일을 넣을 수 있도록 하는 기업들이 늘고는 있지만 여전히 신입사원 채용에서는 첨부파일 검토를 꺼려하는 경우가 많다. 이는 서류검토 시의 '후광효과'를 일으킬 수 있는 원인이 되고, 특정인의 서류검토 소요시간이 늘어나기 때문이다. 그렇기에 취준생은 '후광효과'의 측면에서 더 없이 공략하기 좋은 포인트가 아닐 수 없다. 아니 반드시 공략해야 할 포인트이다. 특히, 온라인 입력 방식이 아닌 중견기업, 중소기업에서는 반드시 개인 포트폴리오를 작성해서, 지원하기를 바란다. 많은 취준생들이 '귀찮다'는 이유로, '효과가 없을 것'이라는 '자기 위로'로 행동하지 않기 때문에 변별력의 측면에서도 더욱 효과적일 수밖에 없다.

눈을 떼지 않고, 끝까지 보게 되는 스토리 라인 구성

포트폴리오형 이력서는 자신의 역량정리 1페이지, 이력정리 1페이지, 대외활동 3~4페이지, 비전 및 각오 등 1-2페이지로 하여 총 6~8페이지로 구성한다. 텍스트의 양을 최대한 줄이고, 활동 사진과 도식화를 통해서 최대한 간결하고, 한 눈에 보기 쉽게 정리하여야 한다. 스토리 구성의 포인트는 '과거-현재-미래'순으로 배치하여, 마치 자서전처럼 전개의 흐름을 가져가야 한다. 이에 재미를 더하여 흥미롭게 읽을 수 있도록 내용을 보완하여야 한다.

당신이 한 눈에 척 들어오는 첫 페이지

우선 '강점, 역량, 성격'에서 자신이 가장 강조하고 싶은 3-4가지의 포인트를 찾아서 정리해보자. 우리가 X-Ray 촬영을 하면, 한 눈에 모든 골격을 확인할 수 있는 것처럼 '첫 페이지'는 자신의 핵심역량을 일목요연하게 도식화 되어 있는 것이 좋다. 이때 SWOT 분석도구를 사용하여도 좋고, 주제어와 함께 간단한 설명을 곁들인 도식화를 하여도 괜찮다. 무엇이 되었건 당신이 어떤 사람인지 한눈에 잘 드러나도록 한다라는 개념만 잊지 않으면 된다.

당신을 확신하게 만드는 마지막 페이지

만드는 사람의 입장에서 보았을 때, 가장 이상적인 포트폴리오 후기는 '채용하고 싶은 지원자'라는 마음이 들도록 하는 것이다. 만약 그러한 수준이 되지 않는다 하더라도, '면접을 보고 싶은 지원자'라는 마음이 생겨야 할 것이다. 지원자에 대한 '흥미, 기대, 확신'을 표현할 수 있다면 불가능한 일만은 아닌 것이다. 자신의 포트폴리오를 다른 제3자에게 보여주고 평가를 들어보자. 그 평가 중에 '당신이 어떤 사람인지 잘 모르겠다'는 의견을 듣게 된다면, 구성작업부터 다시 시작하기를 바란다.

24

단점이 될 수 있는 스펙은 안 적는 것이 유리하겠지요?

살다 보면 '아무 짝에 쓸모 없는 스펙'들은 거의 없다. 우리들의 삶의 흔적들이 무의미하지 않다는 이야기이기도 하다. 현실적으로 입사를 위해서 쓰지 말아야 할 스펙이 존재는 하지만 이력서 기재 유무에 대한 의사결정은 이내 쉬운 일이 아니다. 업종, 기업, 직무, 개인 환경에 따라서 '유리, 무관, 불리'가 다르기 때문이다. 이렇게 개인의 경력 경로와 지원 환경에 따라 다르지만, 최소한의 적용기준을 정해보도록 하자.

금융권, 공기업, 공무원을 준비하던 취준생들이 가장 많이 겪는 고통 중에 하나가, 특정 산업 중심의 스펙을 기재해야 할지에 대한 여부를 결정하는 것이다. 졸업 유예를 하더라도 공백기간과 스펙들을 추정하면 특정분야의 취업에 실패하고, 차선책으로 일반 기업에 지원했다는 시선이 불편하기만 할 것이다. 당연한 취업전략임에도 불구하고, 실패에 대한 주홍글씨, 장기간의 공백이 지원자들을 더욱 주눅들게 만든다. 하지만 필자는 이런 상황일 수록 더 자신감 있게 지원하고, 면접보고, 부딪쳐 보기를 권한다.

단점이 될 만한 스펙을 제거하면, 당신에게 무엇이 남았는가?

때로는 공백기간, 나이, 학력 등을 고려하여 불필요하다고 할 수 있는 스펙들이 다르게 정의된다. 이 부분은 결정의 변수가 너무 많아 여기서 다루기에는 한계가 있다. 그럼에도 불구하고 자신이 보유한 스펙이 새로이 지원하려는 직무와 연계성이 없다면 모두 제거해 보자. 제조회사의 마케팅 직무에 지원하면서, 금융관련 자격증 10개를 기재해봐야 패배자 낙인만 더욱 뚜렷해지는 것이다. 결코 취업에 도움이 될 수 없다. 이렇듯 불필요한 스펙들을 제거한 이후 3-4가지의 경쟁이 있을 만한 스펙이 남아 있다면, 바로 입사지원을 하더라도 무리가 없을 것이다. 만약 불필요한 스펙을 제거한 이후 단 하나도 제대로 된 스펙이 없다면, 앞서 이야기한 바와 같이 이력서에는 작성하지 말고, 자소서 부분에 스펙을 녹여서 쓰는 것이 좋다. 스펙 없이 공백기간만 길게 있는 것보다, 차라리 열심히 살았었다는 증거로서 간접적으로나마 남겨 놓는 것이 낫다. 이는 아예 기재하지 않는 것보다 효과적인 방법일 뿐만 아니라, 면접에서도 공백기간에 대한 방어할 수 있는 소재로 쓰일 수 있다.

25

너무 오래되고, 소소한 스펙인데 기재해야 하나요?

A기업에서 기획담당 신입사원을 채용하려고 한다. 해외사업을 활발히 하고 있는 글로벌 기업이지만, 특별하게 해외로의 출장은 잦지 않다. 부서 내의 운영체계는 잘 잡혀 있어서 경영학과 출신이라면 어렵지 않게 업무 적응을 마칠 수 있다. 다만 보고체계가 복잡하여 문서작성 업무와 부서 간의 소통이 많고, 담당 임원은 직원들의 언어적 감각과 표현력을 매우 중요하게 생각한다. 현재 A기업은 구직자들에게 매우 인기가 있는 회사로써, 한 자리를 놓고 수 백명의 지원자가 응시하였다. 당신이 A기업의 채용담당자라면, 어떠한 구직자를 선정하여 면접에 이르게 하겠는가? 본인 앞에 놓인 지원자 수 백명을 어떠한 방식으로 선별하겠는가?

여러분이 먼저 알아야 할 점을 기업에서의 채용은 '최고의 인재(Best People)'가 아닌 '최적의 인재(Right People)'를 찾아내는데 목표를 둔다는 것이다. 최적의 인재를 찾기 위해, 그리고 채용 비용(소모되는 시간)을 최소화하기 위해, 최대한 간편한 방법으로 지원자를 걸러야 한다. 필자라면 다음과 같은 방법으로 지원자들을 정리해 나갈 것이다. 단, 가산점을 주는 (채용비용이 높은)점수화 기법이 아닌 토너먼트 방식으로 합격 그룹을 형성하도록 할 것이다.

---

1. 경영학과 또는 경제학과(복수전공 포함)외의 지원자를 탈락시킨다.
2. 토익 700점 미만, 학점 3.0미만 인자를 탈락시킨다.
3. 해외 경험이 전무한 인원을 탈락시킨다.
4. 오피스 관련 자격증이 전무한 인원을 탈락시킨다.
5. 경영관련 세미나 등 대외 그룹활동 우수자 중 리더 경험자만 합격시킨다.
6. 초등학교부터 대학까지 글쓰기 관련 활동 우수자 및 포상자, 역량이 보이는 자만 합격시킨다.
7. 상위 50명의 자소서를 평가, 당사의 인재상과 직무 적합성을 고려하여 면접 후보자 8명을 선발한다.

A기업에 응시했던 지원자들은 '중경외시 이상, 경영학과 필수, 학점 4.0이상, 토익 900점, 어학연수 필수, PT 또는 경영 시뮬레이션 대회 입상자'를 합격권의 스펙으로 보았을 것이다. 물론 최종에는 그런 지원자가

채용되었을 수도 있다. 하지만 서류합격으로 가는 과정에서는 스펙 서열화 현상이 크게 일어나지 않는다. 단지 'Pass-Non Pass'의 조건을 통과하면, 직무의 결에 잘 맞는 스펙이 더 우선시된다. 초등학교 때 입상을 했던 '글쓰기 대회의 장려상'이 버려지는 스펙이 아닌 핵심 스펙으로 결정되는 사례이다. 업종, 기업, 직무의 특성이 조금이라도 연결이 될 수 있다고 판단하면, 작은 것 하나도 부끄럽게 생각 치 말고 넣기를 바란다.

26

자기소개서를 거짓말로 적어도 되나요?

악마의 속삭임, 거짓 사례를 쓴다고 누가 알아 챌 수 있을까?

대부분의 취준생들은 자기소개서에 작성할 사례를 찾다 보면, "나는 왜 이렇게 평범하게 살았던 걸까?"라는 생각을 하며, 적당한 사례를 찾는 데 골머리를 앓는다. 이 때, 악마의 목소리가 당신의 귓가에 속삭일 것이다. "아무 사례나 만들어~, 잘 쓴 자소서를 보면서 내 것인 척하면 되~ 친구의 사례면 어때? 내가 옆에서 다 보았기 때문에 안 걸릴 거야!" 이에 많은 사람들이 이러한 유혹을 못 이겨, '남이 잘 쓴 사례, 어디서 본 듯한 사례'를 추려서 각색을 시작한다.

잘 쓴 자소서, 바라보는 기준이 다르다.

취업전문가로 활동을 하는 동안, 이러한 복사형 자소서를 수 없이 보아 왔지만, 그 중 잘 쓴 자소서는 거의 없었다. 잘 쓴 자소서의 기준이 매끄러운 글솜씨라고 생각하는 취준생들의 입장에서는 '잘 쓴 자소서'처럼 보일지 모르겠다. 하지만, 솔직하고, 담백하고, 개인의 개성과 역량이 드러나는 자소서를 '잘 쓴 자소서'의 기준으로 잡는 채용담당자들에게는 그저 여느 자소서와 다를 바 없는 자소서로 보일 뿐이다.

자기소개서에 약간의 미화... 일명 MSG를 첨가하는 방식이라면, 필자도 크게 반대하지 않는다. 똑같은 팩트이지만, 보는 관점이 다르면 그 역시 다르게 느끼고, 팩트보다 풍부한 표현으로 적힐 수 있기 때문이다. 같은 음식을 사 먹었는데, 누구에게는 맛있고, 누구에는 맛이 없는 것처럼, 같은 경험을 해도 힘들게 느꼈던 사람, 즐겁게 느꼈던 사람이 있을 수 있기 때문이다. 단, 주의할 점은 동일한 사건/사례를 중심으로 자신의 느낌과 생각을 조금씩 미화해서 표현해야 한다는 것이지 팩트를 새로이 만들어서는 안 된다는 것이다.

거짓 사례를 쓰다가 큰 코 다치는 이유

첫째, 남들 겪은 사례, 새로이 가공한 거짓 사례 일 수록 어디서 본 듯한 자소서의 향기가 밀려오게 마련이다. '대학에서 프로젝트를 하면서 무임 승차하는 학생이 있었고, 그 학생을 설득하기 위해서 내가 했던 일'과 같이 진부한 스토리를 구성하게 된다. 이러한 구성으로는 채용담당자의 관심을 자극할 수도 없고, 자신의 진정한 강점을 나타내기도 어렵다.

둘째, 면접상황에서 당신의 거짓 사건/사례가 발목을 잡을 수 있다. 면접관들은 정말 다양한 면접자들을 경험한다. 지금까지 적게는 수 십명, 많게는 수 백명의 구직자들을 면접장에서 마주한다. 그렇기에, 취업준비생들 사이에서 유행하는 사례, 자격증, 생각들을 읽어 내는데 큰 어려움이 없다. 일반적으로 거짓 사례를 작성하는 사람들은 특정한 상황에서 이루어져야 할 행동, 사고방식을 갖지 못하기 때문에 면접관들의 경험(또는 실제 경험자들의 경험담)과는 다른 답변을 내는 경우가 종종 발견된다. 이에 몇 번의 추가적인 질문이 이루어지면, 피면접자들은 패닉에 빠지는 경우가 많고, 분위기 상 면접을 망치는 경우가 발생하기도 한다.

거짓과 과장이 면접장에서 미치는 영향

그렇다고 하여, 면접관들이 끝까지 추궁하여 진실을 파악하려고 노력하지는 않는다. 면접관은 수사를 하는 경찰이나 검사가 아니기 때문에 거짓 자체를 증명할 필요도 없고, 그럴 만한 시간적 여유도 없다. 즉, 거짓인지는 모르겠으나, 사실은 아닌 상태가 되며, 감점의 요소는 아니나, 점수를 받지 못하는 상태가 될 것이다. 더불어 답변의 신뢰성에 대한 의심도 늘어날 수밖에 없다.

필자가 느끼는 거짓말 또는 과장된 표현을 하는 피면접자들의 특징이 있다. 자신의 경험임에도 불구하고, 그 경험의 상황들에 대해서 이해를 못하거나, 머뭇거리며 얼버무리거나, 앞뒤 상황이 시차적으로 바뀌어 있는 경우이다. 게다가 면접관이 직접 경험한 내용이나, 일반적으로 경험했던 사람들의 상황들을 이야기해 주면 당황하는 기색이 역력 해진다. 이렇듯 자소서에서의 거짓과 과장된 표현들은 면접장에서 분위기, 답변의 신뢰도를 떨어뜨릴 수 있기 때문에 신중한 사례 채택이 요구되는 것이다.

27

지원동기와 미래포부 작성이 너무 어렵습니다.

기업분석을 위한 정보의 원천을 잘 선택해야 한다.

지원동기와 미래포부를 작성하는 것은 기업생활을 겪어보지 않은 취준생들에게 고된 일임이 분명하다. 그리고 회사별로, 직무별로 작성해야 한다는 부담감이 창작의 고통에 빠지게 만든다. 일반적으로 또는 많은 취업강사들이 회사와 직무를 분석하고, 이에 맞는 자소서를 작성하라고 권한다. 물론 이러한 조사분석이 불필요한 것은 아니지만, 자칫 자소서의 개성을 해치는 결과를 만드는 경우가 생긴다. 지원기업의 홈페이지는 물론, DART(금융감독원 전자공시시스템)에서 사업보고서를 분석하여 다양한 아이디어를 짜내려고 한다. 그런데 필자는 여기서 한 가지 질문을 던지고 싶다. "홈페이지의 내용과 재직중인 근로자들의 생각이 일치하는가? 전자공시에 말하는 사업보고서의 내용이 기업의 현실 상황과 일치하는가?"이다. 이러한 정보들은 큰 틀에서는 맞다고 볼 수 있지만, 우리가 응용할 만한 충분한 정보를 제공하지는 않고 있다. 기본적으로 정보를 제공하는 목적성이 다르기 때문에 오히려 구직사이트(사람인, 잡코리아) 또는 기업 HR블로그를 참고하여 작성하는 것이 더 나은 방법일 수 있다.

모든 지원자들이 똑 같은 내용일 수밖에 없는 현실

온라인에서의 기업정보는 나만 보는 것이 아니다. 취업카페, 구인구직사이트, 홈페이지, IR자료 등 온라인에 게재되어 있는 다양한 정보들은 누구에게나 노출되어 있다. 대부분의 지원자들은 동일한 정보를 확인하고, 분석하고, 자소서를 작성한다. 그렇기에 해당 정보 또는 핵심단어들을 자소서에 옮기는 그 순간, 비슷한 내용의(변별력이 없는) 자소서가 탄생하게 되는 것이다.

인재상, 이것만 보고 쓰기에는 부족하다.

대부분의 회사에서는 창업주(설립자)의 의지가 반영된 인재상을 개념화한다. 즉 해당 기업의 구성원으로써 가져야 할 인성, 역량을 표현하고 있다. 그렇기에 역사가 오래 된 기업의 경우 현실과 대치되는 인재상이 아직도 남아 있을 수 있으며, 조직문화의 큰 의미를 두지 않는 인재상이 설정되어 있을 수도 있다. 채용공고 또는 채용절차를 확인하다 보면, 자연스럽게 회사의 인재상을 채용에 적용하고 있는지, 아닌지 느껴지게 마련이다. 예를 들면, 특정 인재상에 부합하는 인재를 찾기 위해서 별도의 테스트과정(역량검증과정)을 넣는 경우가 대표적이다. 그리고 인재상에 '창의적 인재'를 선호한다고 하여, 상대적으로 '창의성'보다 다른 역량이 중요한 영업관리, 판매직 등에 채용기준으로 사용되지 않는다. 즉, 인재상을 적용한 자소서를 쓸 것인지, 말 것인지의 결정은 해당기업이 충분히 인재상을 반영하여 채용하려는 의지가 보일 경우에 한하여 진행함을 잊지 말아야 한다. 특히, 인재상을 적극적으로 반영하는 기업의 경우, '당사의 인재상에 맞추어 자신을 소개하세요.'와 같이 별도의 항목을 작성하게 만든다.

지원동기, 자신만의 콘텐츠 만들기

첫째, 지원기업 또는 해당 산업과의 개인적인 인연이 있다면 그 내용을 중심으로 서술하는 것이 좋으나, 없을 경우 직무를 중심으로 자신이 그 일을 알게 된(선택한) 동기를 적는 것이 좋다. 둘째, 해당 업무를 잘 할 수 있음을 주장한다. 특히 자신의 역량을 주장할 때에는 근거(증거), 경험을 중심으로 설명하는 것이 좋다. 대부분의 취준생들은 뜬 구름 잡는, 거품 가득한 표현을 사용함으로써 자신의 의지와 다르게 명확하고, 담백하게 설명을 하지 못하고 있다. 제3자의 검수를 통해서 자신의 글을 검증해 볼 필요가 있다. 셋째, 자신의 역량을 정리할 때에는 첫째, 둘째... 이렇게 구분해 주는 것이 좋다. 이 부분은 이미 다양한 취업전문가들이 지적하는 부분으로서, 콘텐츠별 구분을 통해서 인지/지각을 쉽게 시키기 위한 스킬 중의 하나인 것이다.

미래포부, 현실성을 높이자.

일반적으로 취준생들의 미래포부는 매우 당차다! 어떤 면에서는 긍정적으로 볼 수도 있지만, 실체가 없는, 실현 불가능한 이야기들이 많이 존재하는 것도 사실이다. 적어도 이제부터는 자신들이 주장했던 미래포부에 대해서 한 번 더 검증해 볼 필요가 있어 보인다. 기업의 근무자들은 "성과관리"라는 평가시스템 때문에 현실적인 목표를 설정하고, 달성하는 과정에 대한 이해도와 스킬이 높은 편이다. 취업카페, 직장인 커뮤니티, 지인들을 통해서 자신이 세운 미래의 포부가 현실적인지 판단해 보고, 달성하는 과정에서 어려움은 무엇이 발생할 지에 대해서 의견을 들어보는 것이 필요해 보인다.

자소서에서 객관화된 데이터를 요구하는 것은 아니다. 그러나 이 지원자가 일에 대한 현실적인 감각 또는 이해도를 갖추고 있는지 판단의 중요한 잣대로 적용될 수 있다. 더 이상 자소서에 소설을 쓰지 않기를 당부한다.

28
자기소개서를 잘 쓰는 방법이 무엇인가요?

　자기소개서(자소서)를 잘 쓰는 방법은 무엇일까? 누구나 자소서를 쉽게 쓸 수 있었더라면, 많은 이들이 몇 시간의 강의를 들으며, 몇 번의 교정 작업을 거치는 노력들을 하지 않아도 될 것이다. 최근에는 자소서의 중요성이 높지 않다고 주장하는 이들도 있지만, 작은 변별력의 차이가 당락을 결정하는 취업시장에서 중요하지 않은 것은 없다. 다만, 이전과 달리 특정한 강점을 주장하는 것보다 전체적으로 자신의 통일화 되고, 일관된 이미지를 형성하는 것이 새로운 작성전략이라고 볼 수 있다. 모든 취준생들이 아래와 같은 프로세스(또는 체크리스트)에 맞추어 작성할 수는 없지만, 스스로 자소서에 대한 진단, 평가를 하는 데에는 도움이 될 것이라 판단된다.

(1)자신의 일생을 돌아보자.

자소서는 사례를 중심으로 써야 하는 경우가 많기 때문에 과거의 사건/사례들을 정리해 놓는 것이 필요하다. '마인드 맵'을 통해 생각만으로 정리를 할 수 있다면 더 없이 좋겠지만, 그렇게 정리되는 경우는 거의 없다. 스스로의 기억을 떠올릴 수 있는 일기, 앨범, 메일, 일정표 등 다양한 기록물들을 확인하며, 인생 일대기의 사건들을 정리해 보도록 하자.

(2)셀프 평가를 해보자.

자신을 평가하기 위해서 스스로에서 질문을 던져 보기도 하고, 친구들에게 나의 강점/약점을 물어보도록 해라. 때로는 상처를 받을 수 있겠지만, 이 보다 객관적인 방법은 없다. 이 중 가장 좋은 평가방법은 아르바이트, 인턴 등과 같이 외부조직에서 함께 일 했던 사람들의 평가이다. 대부분 그 사람들의 의견이 자소서에서 좋은 소재로 쓰이는 경우가 있다. 최대한 다양한 사람들과 소통하려 노력해 보자.

(3)직무에 대한 역량을 분석하자.

내가 하고자 하는 일에 대해서 어떠한 역량을 필요로 하는 지, 어떠한 성격이 잘 어울릴지에 대한 조사를 해야 한다. 선배, 친구, 친구의 아버지, 친구의 오빠, 누나... 등 아는 지인을 총 동원해서 해당 직무를 하고 있는 사람들과 인터뷰를 해 보는 것이 좋다. 만약에 그럴 시간도 부족하고, 인적 네트워크의 제약이 있다면 취업컨설턴트, 커리어컨설턴트와 같은 직업전문가를 찾던가, 해당 직무에 관련한 세미나 등에서 정보를 얻을 수 있다.

(4)작성항목에 대한 분석을 실시하자.

기업마다 조금씩 다른 자소서 작성항목들을 가지고 있다. 그 항목에서 요구하는 내용이 무엇인지를 명확하게 파악하고, 자신의 역량과 사례를 대입하여 본다. 항목별 사례 또는 전개방법에 대한 궁금증이 있다면, 필자의 블로그에서 관련된 팁과 노하우를 충분히 얻을 수 있다.

(5)제목을 작성한다.

영어, 유행어, 명대사, 고사성어는 안 된다. 자소서를 읽는 채용심사관의 지식과 정서에 교감을 하기가 어렵기 때문이다. 자소서가 학습지가 아닌데, 제목을 설명하다가 자신의 이야기를 전달할 기회를 잃기 십상이다. 제목은 마치 '신문의 헤드라인'처럼, 내용을 함축하여 한 문장으로 작성하면 된다. 그 한 문장 속에 본문의 주요 내용을 전달하는 것이 목적이다.

(6)두괄식 전개기법

본문의 첫 문장은 언제, 어디서, 어떤 결과(성과)를 통해서 무엇을 얻었는지에 대해서 작성하면 된다. 제목은 전체내용을 함축하지만, 첫 문장은 결과를 함축하면 된다. 이후 깔때기처럼 넓은 범주에서, 상세함으로 전개한다. 배경/환경의 설명, 그 속에서의 자신의 역할, 행동 등을 작성한다. (깔때기 작성법: "해외에서의 김치"를 주제로 한다면, 대한민국의 소개 - 대

한민국 음식과 문화 - 대표적 음식 "김치"의 상징성 - 김치의 종류 - 해외에서의 김치)

(7)본문은 자신의 행동과 생각(사고)을 중심으로 써라.

본문은 행동, 사고관, 가치관, 직업관, 신념, 역량 등 자신을 PR한다는 마음으로 작성해야 한다. 예를 들어, 특정의 문제를 풀어가는 과정이라면 작성자가 새로운 아이디어를 발상하는 과정, 실천하는 과정 등 당시의 자신을 설명하는데 최소 50% 이상의 분량으로 설계하는 것이 좋다.

(8)마무리형 강조점

본문의 마지막에는 앞의 사례들이 '직무역량' 또는 '기업의 성과기여'의 측면에서 어떻게 기여를 할 것인지를 설명한다. 자소서의 바이블처럼 강조점을 설정하는 것이 자칫 억지로 사례-역량을 매칭하여, 거부감이 있는 표현으로 마무리 짓는 경우도 흔해졌다(특히, 부조화 경향이 심하다. 어울리지 않는 사례와 역량의 매칭). 강조과정이 어색하거나, 뜬금없이 과장된 표현으로 보이는 경우, 사용하지 않는 것이 더 좋을 수 있다.

(9)전개흐름 및 문장구조의 검수

채용 사이트에서 자소서에 대한 첨삭을 무료로 해주는 경우가 있으나, 거의 복붙의 수준이기 때문에 큰 도움을 받지 못할 것이다. 자소서 첨삭을 10번을 받아본다고 10번만큼 좋아지는 것은 아니다. 첨삭 선생님이 바뀔 때 마다 그들은 계속 첨삭할 것을 내놓을 것이다. 사례를 글로 표현하는 방식이 첨삭 선생님들마다 차이가 존재하기 때문이다. 즉, 모든 이들이 만족할 만한 자소서는 얻기 어렵다는 뜻이다. 필자가 아무리 자소서를 잘 쓰기로 써니, 다른 첨삭 선생님들에게 보여준다면 많은 양의 첨삭내용을 회신 받게 될 것이다.

(10)오탈자 검수

채용사이트를 통해서 오탈자 검수 프로그램을 활용하면, 쉽게 오탈자 검수를 마칠 수 있다. 가장 쉽게 할 수 있는 일을 하지 않아서, 불필요하게 이미지를 깎아 먹을 필요는 없다. 당신의 '자소서의 작성능력'이 회사에서의 '문서작성 능력'으로 유추될 수 있음을 잊지 말아야 한다.

아직도 많은 취준생들이 자소서를 잘 쓰기 위해서 학원을 다니고, 책도 읽고, 개인지도를 받으며, 심지어는 대필 서비스를 이용하기도 한다. 그러나 온라인에서 이루어지는 자소서 대필 서비스는 기존의 자소서를 가볍게 수정하는 수준이거나, 지원자의 경험이 아닌 새로운 경험을 가공함으로써 부정적인 요소가 더 커 보이는 것은 사실이다. 자소서의 진정한 가치는 자신의 역량을 가장 잘 표현해 내는 것이다. 그럼에도 불구하고, 자소서 학원이나 자소서 대필 서비스는 유사한 자소서들을 급속도로 양산하고 있다.

네 모습 그대로가 최고!

[면접전략]

연기보다 자연스러움

29
이쁘고 잘 생긴 구직자가 더 유리하겠지요?

외모도 취업 경쟁력이다!

최근에 이런 말들을 전하는 사람들이 꽤나 있다. 때로는 이러한 말들이 성형수술을 부추기는 사회적 현상으로 나타나곤 한다. 이러한 이슈가 만들어진 것은 무분별한 성형외과의 광고와 언론의 탓도 조금은 있어 보인다. 이들은 특별한 증거도 없이, 동가홍상(같은 값이면 다홍치마)이라는 표현과 같이 외모가 취업을 위한 특별한 스펙이 되는 듯 이야기를 한다.

일반적으로 언론에서 전하고자 하는 바는 외모가 스펙 중의 하나라고 구직자들이 인식하고 있어서, 취업성형이 유행을 하고 있으니 이에 대한 사회적 경각심을 키워야 한다는 의미였을 것이다. 그러나 이런 사실을 모르던 구직자에게까지 전파가 되면서, 사회적 동요가 더욱 커질 수 있는 우려가 있다.

외모에 대한 평가, 긍정과 부정

필자는 편향적으로 긍정과 부정을 주장하고 싶지는 않다. 외모를 통해서 호감을 줄 수 있는 점이 분명 존재하고, 외형적으로 면접에서 보여지는 면들이 합격을 좌우하는데 기여를 한다고 생각하기 때문이다. 단, 주어진 상황과 외모평가의 대상에 따라서 자연스럽게 평가결과를 달리 할 수밖에 없는 것이다.

호감적인 외모의 평가는 역량평가에 앞서지 않는다.

이쁘고, 잘 생긴, 나아가 호감적인 외모와 인상을 지니고 있다고 하여, 능력이 부족한 사람들에게까지 관심을 가지거나 외모 또는 호감적인 인상을 가졌다는 이유로 합격을 시키지는 않는다. 즉, 부가적인 가산점(호의적 평가)을 얻을 지는 몰라도 외모평가가 면접의 전부를 차지하지는 않는다.

비호감적인 외모의 평가는 역량평가에 앞설 수 있다.

앞서 이야기한 바와 같이 긍정적이고, 호의적인 이미지와 외모 평가는 가진 역량을 넘지 못하지만, 부정적인 (외모)이미지의 경우 가진 경우에는 정말 특별한 능력을 가지지 않은 이상 합격의 벽에 부딪칠 수 있다. 즉, 버릇이 없는 행동(예의 없는 행동)과 언사를 했을 때, 외모적으로 단정하지 못하고(핑크색 헤어, 코/입술 피어싱), 지저분한 의상을 착용하거나, 일반적으로 동료들과 어울리기에는 부적절한 외모(혐오감이 생기는 타투 등과 같이 사람들의 부정적인 시선을 끄는 외모)는 면접관의 입장에서 꺼릴 수밖에 없다.

정리하면, 호감적인 외모를 가진 것은 분명 득이 되는 것이지만, 그것이 절대적인 면접합격의 기준이 되지는 않는다. 그저 가산점과 같은 효과를 가질 뿐이다. 또 면접에서 호의적인 인상이라 함은 통상적으로 이야기하는 "예쁘다, 잘 생겼다, 멋있다"와 개념이 다르다. "좋은 인상 vs 잘 생겼다"와 다름을 이해해야 한다.

30

직무와 상관없는 개인적인 질문을 하는 이유를 모르겠습니다.

대한민국에서 면접을 본다는 것은 참으로 어려운 일이 아닐 수 없다. 직무와 관련된 질문이외에도 다소 황당할 수 있는 질문들을 많이 받아보기 때문이다. 아직까지도 미국, 유럽과 같은 선진국에서도 할 수 없는 수준의 개인적인, 차별적인 질문이 난무하는 것이 현실이다.

객관적 판단보다 직관적 판단이 중요한 면접관들
이러한 개인적인 질문은 몇 가지의 이유에서 면접관들에게 이용되는데, 가장 대표적인 이유는 직관적인 판단이 우선인 면접방식 때문이다. 이론적으로 "직관"이라함은 "직감"과는 다르게 한 개인이 가지는 의사결정의 기준, 가치관, 성격, 경험, 지식 등을 바탕으로 판단하는 것이다. (부정적인) 다른 시선으로 바라본다면, 선입견과 다를 바가 없다. 그런데 이러한 직관적 판단은 우리도 이미 많이 하고 있다는 점이 아이러니하다. 어떠한 사물과 형태, 사람의 행동 들을 보면서 우리는 자연스럽게 OO는 OO일 것이다라고 판단하는데, 객관적인 이유를 말하기 어려운 경우가 자주 있다. 이것이 바로 직관적판단이다. 경영학에서 경영자의 직관적판단은 의사결정의 매우 중요한 요소이기도 한데, 면접에서 또한 면접관들의 직관적 판단이 작용한다는 점이다. 연역적추리, 귀납적추리, 이 모든 것이 직관적 판단의 과정이기도 하다.

쉽게 지워지지 않고, 각인되는 면접관들의 과거 경험
다른 예로 설명하면, 당신이 면접관이고, 신입사원을 채용할 때를 가정해 보자. 유창한 외국어능력을 가지고 있고, 해외경험이 많으며, 좋은 대학을 나온 친구가 있다. 그런데, 그 친구가 다른 사람들과 잘 어울리지 못해서 3개월이 채 지나지 않아 회사를 관두게 되었고, 그로 인해서 업무인수인계의 문제와 재채용에 대한 문제가 발생했다. 당신이 이러한 경험을 가진 면접관이라면, 객관적 사실과의 관계를 떠나 유사한 스펙을 가진 피면접자를 어떻게 바라볼 것인가? 당신은 이전의 경험을 무시한 채 합격결과를 안겨 줄 수 있는가? 면접장에서는 면접관의 기억과 경험이 생각보다 크게 작용한다.

진짜 문제는 이것이다.
사적인 질문이라 하더라도, 취업스펙과 연계된 상황과 경험을 묻는 것이면 피면접자도 어느 정도는 이해할 수 있을 것이다. 그러다 과도할 만큼의 사적인 정보, 경험, 생각들을 가지고 판단하는 경우도 적지 않게 발생한다. 가령, 언제 결혼할 것인가? 애는 얼마나 나을 것인가? 부모님의 직업은 무엇인가? 현재 만나는 사람은 있는가? 데이트장소는 주로 어디를 가는가? 헤어진 이유는 무엇인가? 자동차는 무엇을 타는가? 집은 전세인가?...

면접관들은 피면접자의 긴장을 풀어주고, 편하게 접근하기 위해서 사사로운, 사적인 질문을 섞어서 하는 경우가 있지만, 과도하게 개인의 사생활의 영역을 접근하는 것은 앞으로도 개선되어야 할 과제이다.

과도한 사적질문에 어떻게 대응해야 할까?

사생활을 침해하는 질문을 받게 된다면, 단호히 "왜 직무와 상관없는 질문을 하시는 겁니까? 답변드릴 수 없습니다."라고 이야기하고 싶겠지만, 이러한 대응을 호의적으로 받아줄 회사는 없을 것 같다. 심지어는 빙빙 돌리는 말 조차도 싫어하는 면접관이 있다. 만약 단호히 대처를 하고 싶다면, "그건 말씀드리기 조금 곤란합니다."라는 수준에서 언급을 하면 된다. 눈치 있는 면접관이라면, 어느 정도 접근할 수 없는 정보라는 것을 인식할 것이다. 물론 호의적인 면접관이 아니라면, 기분이 좋지만은 않겠지만 직설적으로 경고하는 메시지도 필요하다. 또는 양파 껍질을 까듯 추상적으로 대답을 하는 것도 방법 중 하나이다.

면접관: 결혼 계획은 어떻게 되세요?
지원자: 아직 생각해 본 적이 없습니다.

면접관: 그래도 대략의 생각은 가지고 있지 않나요?

지원자: 요즘 30대 중반 넘어서 하는 것이 일반적이니, 그 정도로 생각하면
되지 않을까요?

사적인 생각과 행동에 무엇인가를 찾는 면접관들

신입사원 면접에서 대다수의 면접관들은 사적인 생각과 행동에서 사람
을 먼저 판단하려는 경향을 보인다. 사람이 먼저 마음에 들고, 직업적으
로 역량을 고려하는 것이다. 물론 경력직은 순서상 그 반대의 경향을 보
이나, 결국 사람이 마음에 들어야 채용으로 이루어진다. 그리고 사람을
보는 시선은 각양각색이다. 어떤 이는 성실함과 끈기를, 어떤 이는 상황
대응능력과 사교성을 높이 본다. 면접장에 앉은 당신은 상대가 어떤 면
접관인지 비록 알 수는 없지만, 최선을 다해 당신을 보여주는 것이 당신
이 할 수 있는 모든 것이다.

③① 실무면접과 인성면접은 다른 건가요?

면접전형 종류의 정의

일반적으로 질문의 내용에 따라서 '역량면접'과 '인성면접'으로 나누고, 면접관의 직위에 따라서 '실무면접'과 '임원면접'으로 나눈다. 그리고 시기에 따라서 '1차면접, 2차면접'이라고 부르기도 하는데, 이를 정리하면 다음과 같다.

> 1차면접 = 실무면접 = 역량면접
> 2차면접 = 임원면접 = 인성면접

하지만, 이러한 정의가 모든 기업에 항상 동일하게 적용되는 것은 아니다. 1차면접 때 임원들이 참여하기도 하며, 인성/역량면접을 구분하지 않고 진행하는 경우가 그렇지 않은 경우보다 더 많다. 그러나 이렇게 분리하여 명칭하는 것은 구분되는 특성이 있기 때문이다.

역량면접이라 하지만, 실제는 보통의 면접

보통 1차로 진행되는 실무면접은 실무진(대부분은 과장급 이상 팀장급 또는 해당 부서의 임원급)이 참여하여 실무적인 지식 또는 전공분야의 경험, 성격적 측면 등을 다양하게 질문한다. 실무면접의 핵심은 실무진들이 자신들과 일을 함에 있어서 얼마나 준비된 사람인지, 그리고 자신들과의 조직생활 코드를 맞출 수 있는가를 전반적으로 다룬다. 최근 공기업에서 NCS역량면접을 도입하며, 면접의 방식이 조금 달라진 것 같아 보이지만, 면접의 본질적인 접근에 있어서는 큰 차이가 없다고 할 수 있다.

원래 역량면접(실무면접)은 해당 직무에서 필요로 하는 역량을 미리 준비하고(역량분석 및 역량사전상의 정의), 그 해당 역량을 중심으로 과거의 사례(경험)들 속에서 피면접자의 행동, 사고관, 의사결정방식 등을 검증해 나아가는 것이다. 그러나 역량면접을 정상적으로 진행하는 기업은 거의 없다고 할 만큼 역량검증에는 소극적이다. 대부분의 기업들이 역량면접 절차를 가지고 있더라도 이러한 절차를 명확하게 지키지 않는 경우가 더 많기 때문이다.

임원면접, 편할 수록 좋은 결과를 얻는다.

통상적으로 2차면접에 가는 경우, 대기업은 특정의 배수(2-4배수)를 임원들이 선발할 수 있는 폭을 크게 가져가는 반면, 중소/중견기업에서는 배수는 2배 이상 가져가는 경우는 드물다. 그리고 중소/중견기업이 대기업과 가장 큰 차이를 보이는 것은 임원면접(2차면접)에서의 불합격이 낮은 편이라는 것이다. 이는 실무진의 의견을 적극적으로 반영하여 채용하려는 경향을 높게 보이기 때문이다.

그래서인지 임원면접에서는 실무적인 역량의 검증보다는 성격적 측면, 조직적응 및 미래 비전적인 측면을 더 강조하는 면이 있다. 신입사원다운 진취적 사고와 도전정신, 끈기 등을 주요한 지표로 삼는 경우가 많다. 임원면접은 너무 잘 보기위해 애쓰기 보다는, 편한 마음으로 임하기를 권한다. 면접관의 이야기 속에서 회사가 좋아하는 인재상을 살짝 들여다 볼 수도 있다. 지인의 소개로 처음 만난 사람과 대화한다는 정도의 긴장감만 유지한 채, 밝은 분위기를 연출한다면 분명 좋은 면접결과를 얻을 수 있을 것이라 생각한다.

32

면접복장을 어떻게 준비해야 할지 모르겠습니다.

면접복장이 신경 쓰이는 이유

아무래도 취준생(피면접자) 입장에서는 면접관에 대한 첫 대면, 첫 인상에 대한 효과 때문에 면접 복장에 신경을 쓰는 경우가 많다. 아니 신경이 쓰일 수밖에 없다. 면접이 고도화된 지금에는 마치 복장 규정처럼 특정되어지는 것 같지만, 사실상 일반적인 정장수준의 차림이라면 큰 문제가 될 것은 없다. 다만, 최근에는 신입직, 경력직의 여부와 직무, 산업의 특성에 따라서 면접복장이 변화하고 있다.

남성의 캐주얼 면접 복장

기본적으로 면접 복장은 지원하는 직무적인 면에 영향을 받는 경우와 그렇지 않은 경우로 나눌 수 있다. 일반적으로 창의적인 직업(직무)이거나 자율적인 문화를 중요시하는 기업에서는 면접복장에 대한 제한을 두지 않거나, 캐주얼 복장으로 면접을 보는 경우가 종종 있다. 프리한 복장을 선호함에도 불구하고, 불편한 정장 복장차림으로 가는 것도 어색한 상황을 연출할 수도 있다. 이런 경우, 남성의 경우에는 점퍼보다는 캐주얼 슈트에 칼라가 있는 캐주얼 셔츠, 운동화 보다는 가죽소재와 같이 안정감을 주는 처커부츠, 보트슈즈와 같은 느낌의 신발을 신는 것이 좋다. 전체적인 느낌이 단정하고, 안정된 느낌을 주는 복장이 좋은 면접용 복장이 될 것이다.

여성의 캐주얼 면접 복장

여성의 경우에는 필자가 남자인 관계로 느낌만 전달하고자 한다. 딱딱한 느낌을 주는 정장보다는 바지정장 스타일이 좋을 것으로 판단된다. 다만, 자율복장이라고 하여, 하얀 운동화에 청바지를 입고 라운드 티셔츠를 입고 오는 사람들도 종종 있는데, 이러한 모습은 면접장에서 너무 가벼운 이미지를 줄 수 있기 때문에 피하는 것이 좋다. 때로는 스타일리쉬한 정장스타일로 오는 사람들도 있는데, 이는 크게 문제가 되지 않는다.

오래된 서비스 계열의 면접 복장

인터넷 상에서 마치 규정화 하고 있는 듯한 면접복장은 대게 서비스직종의 면접에서 통용되는 경우가 많다. 비서, 승무원, (대인)영업, 백화점-마트 등의 영업관리 등의 대면 서비스 직종의 경우 면접복장에 대한 규정을 둔 것은 아니지만, 입사 후에 지켜지는 복장을 기준으로 준비하는 경우가 많다. 주로 남성은 귀가 보이는 단정한 머리(파머/염색 불가) 스타일에 도수가 높은 안경은 안 되고, 검정색/짙은 곤색 정장, 흰색 또는 옅은 색상의 와이셔츠, 정장 벨트, 끈 구두(끝이 너무 뾰족하지 않아야 함)로 코디를 하고, 여성의 경우 또한 어깨에 닿지 않는 단발이거나(그 이상일 경우, 머리망 또는 끈 사용), 검정색/진한 곤색 일반 정장, 분홍색 또는 흰색의 블라우스, 커피색 또는 살색의 스타킹, 3-5cm의 검정색 구두로 코디를 한다.

최근의 서비스 계열의 면접 복장

서비스 계열이라고 하여, 위와 같은 복장규정에 스스로를 얽매일 필요는 없다. 과유불급, 너무 획일화된 복장 때문에 다른 경쟁자들과 똑같은 이미지를 전달하는 것이 과연 바람직할까라는 합리적인 의심을 하려고 한다. 그렇다면, 어떻게 복장을 유연하게 가져갈 수 있을까? 우선 헤어스타일의 경우 남성은 크게 변화를 주기 어렵다. 무조건 단정한 두발 외에는 답이 없다. 밝은 색의 염색은 아직까지는 피하는 것이 좋다. 다만 여성의 경우에는 머리를 길게 늘어 뜨려도 상관이 없으나, 허리에 닿을 만큼 길면 단정해 보이기 어렵다. 염색은 가능하나 자연스러운 색상이 좋으며, 심한 탈색, 애쉬브라운 컬러와 같은 과도하고, 밝은 계열의 염색은 삼가는 것이 좋다. 남성 타이의 색상은 강렬한 인상을 줄 수 있는 색이 오히려 좋은 경우가 많다. 주로 검정색 또는 짙은 곤색의 정장을 입기 때문에 타이에서는 보다 밝은 분위기의 연출이 필요하다.

최고의 면접 복장은 가장 잘 어울리는 옷이다.

가끔 자신이 옷이 아니어서, 몸에 어울리지 않는 옷을 입고 면접에 참가하는 지원자들을 마주할 때가 있다. 친구에게 빌린 의상도 많고, 졸업식 때 맞춘 정장이 살이 쪄서 안 맞는 경우도 볼 수 있다. 몸에 맞지 않는 옷처럼 보기 싫은 옷은 없어 보인다. 물론 면접복장이 면접에 모든 것을 결정짓는 것은 아니다. 다만, 첫 이미지를 잘 형성하는 것은 면접의 분위기를 긍정적으로 끌어가는 것에 있어 큰 도움이 되는 것은 분명하다.

33
1분 스피치는 어떻게 하는 것이 좋은 건가요?

자기소개를 시킨 면접관들, 무엇을 하고 있을까?

면접을 진행할 때, 간단한 인사말을 제외하고 가장 처음 스피치 해야 하는 것은 자기소개가 될 확률이 높다. 대부분의 면접관들은 인사를 하거나, 지원자의 출석여부를 확인하면, "우선 자기소개를 간단히 순서대로 해 주시기 바랍니다."라는 말로 면접의 시작을 알리기 때문이다. 물론 자기소개를 얼마나 멋있게 하는지를 보기 위해서 시키는 것은 아니다. 대부분의 자기소개 목적은 자신의 경험과 역량을 어떻게 표현하는지를 보기 위함도 있지만, 그 시간을 이용하여 면접관들은 지원자들의 이력서를 검토하는 경우가 많다. 때문에 자기소개에 귀를 기울이기 보다는 지원자들의 신상을 파악하고, 질문할 내용들을 찾는 데에 더 많은 집중을 한다. 이미 면접을 많이 보아온 지원자들은 대부분의 면접관들이 자기소개를 할 때, 서류를 보는 모습을 경험하였을 것이다. 그럼에도 불구하고,

이벤트 방식을 사용하여, 특별하게 자기소개를 하는 경우, 시선을 사로
잡을 수도 있다.

어차피 잘 안 듣기 때문에 긴장도 할 필요가 없다.
위에서 언급한 것처럼, 일반적으로 면접관이 집중하여 듣지 않는 경우가
많기 때문에 과도한 긴장감을 가질 필요가 없다. 면접이라는 상황 때문
에 떨리는 것은 이해하지만, 자칫 과도한 긴장감은 준비가 덜 되어 있거
나, 자신감이 없는 모습으로 비추어질 수 있다.

외운 자기소개는 반드시 폭 망한다.
1~2분이라는 시간 동안 스피치해야 할 내용을 스크립트 통째로 외워서
하는 경우, 긴장된 상황속에서 무사히 잘 해낼 사람들은 많지 않다. 시
선이 좌상향으로 향하게 된다든가, 스피치의 속도가 매우 빨라진다든가,
다음 단어가 생각이 안 나서 이내 곧 자기소개 스피치를 멈추는 현상이
반드시 발생한다. 스크립트를 통째로 외우기 보다는 자신이 말하고 싶은
포인트들을 정의하고, 자연스러운 어투로 설명하는 것이 효과적이다.

자세, 시선 등 이미지메이킹에 몰두하지 말자.
오로지 자신이 이야기하고자 하는 바에 대한 집중력이 필요하다. 모든
것을 완벽히 해 낼 것처럼 시선처리, 자세교정, 적절한 미소 등에 집중력
을 낭비하지 말자. 자세, 시선, 적절한 미소는 평소에 연습을 해야 한다.
스피치(자기소개)연습을 할 때에 침대에 누워서, 컴퓨터에서 스크립트를

작성하는 지원자들이 매우 많다. 이런 경우 예상치 못한 상황이 전개된다면, 자신이 연습한 것을 100% 표현하기는 더욱 어려워진다. 집에 있는 식탁의자와 전신거울을 활용해보자. 자신의 모습을 보면서 연습을 하다 보면, 생각보다 큰 긴장감이 크게 들고, 면접장과 같이 멘붕 현상을 간접적으로 체험할 수 있다. 이렇게 면접 상황을 이미지 트레이닝 하며, 지속적으로 시선처리, 자세, 미소를 평소 몸이 익히게 하는 것이 중요하다.

자신을 상징하는 과한(허구적) 표현은 되도록 사용하지 말자.
"저는 OO와 같은 사람으로써, 언제나 OO처럼 OO하고, OO할 수 있는 지원자입니다" 여기서 OO는 여러가지의 형태로 유명한 인물이거나, 캐릭터인 경우가 많다. 취업스터디를 하는 친구들은 이것이 최고의 스피치 기술일 것이라 믿고, 그렇게 열심히 준비를 해 왔다. 하지만, 이러한 비교는 자칫 처음부터 압박면접을 당할 수 있다. 객관적 근거와 사실에 기인하여 문장을 준비해야 하는데 그렇지 못한 경우가 더 많기 때문이다.
자기소개의 컨텐츠는 이미 작성하여 제출한 "지원동기 및 미래포부" 부분을 활용하여 객관적 근거/사례를 중심으로 표현하는 것이 좋고, 자신의 강점을 2-3가지 정도로 요약하여 주장하는 것이 면접관들에게 더 큰 임팩트를 남길 수 있다.

스피치 시간관리는 눈치껏 해야 한다.
자기소개 스피치는 면접관들의 반응을 살피면 그 종료시점을 정해야 한다. 반드시 1분이라는 시간에 맞추어야 하는 것은 아니다. 어느 면접장에서도 자기소개의 시간을 측정하며, 점수에 반영하는 곳은 없다. 스피치의 시간관리 역량이 업무역량을 증명하는 것이 아니기 때문이다. 연습할 때 40초에서 1분 30초까지 대략의 시간을 가지고 준비를 하되, 면접관들의 시선과 표정에 따라서 속도와 내용 전개를 바꿀 수 있어야 한다. 이는 충분한 연습과 교정작업을 통해서 이룰 수 있다. 만약 당신이 자기소개 스피치를 하는 동안 면접관이 비정상적인 딴짓(휴대폰 보기, 시선 분산, 다른 사람이 이력서 검토하기, 말을 끊기 위한 행동, 지루한 표정, 면접관끼리의 대화 등)을 한다면 이내 빠른 시간 안에 스피치를 마무리하는 것이 좋다.

면접준비는 단시간에, 또 하루 전에 열심히 한다고 해서 준비되는 것이 아니다. 지원자에게 충분한 시간이 주어지지 않으면, 값 비싼 면접컨설팅을 받는다고 하더라도 큰 효과를 기대하기는 어렵다. 따라서, 언젠가 다가올 면접의 기회를 위해서도, 면접연습에 많은 시간을 할애하는 것이 현명한 방법이 될 것이다.

34

압박형 면접에 대처하는 방법이 있나요?

갑질과 다름이 없는 압박면접

압박면접은 피면접자들이 가장 두려워하는 면접방식의 하나로써, 일명 스트레스면접이라고 불리기도 했다. 피면접자를 대상으로 특정의 긴장 (스트레스)상태를 유발시켜 지원자들의 행동을 진단하는 방법이다. 그러나 이 면접 방식을 사용하는 이유가 학문적으로 설명된 적은 없었다. 그저 유행처럼 또는 오랜 시간동안 자연스럽게 한국기업의 면접방법으로 녹아 든 것이 아닐까 생각된다. 때로는 면접관들의 고압적인 질문태도가 자연스럽게 압박면접처럼 스트레스를 유발시키기도 한다. 기본적으로 고압적인 스타일로 면접을 보는 면접관들도 있고, 때로는 준비가 너무 안 되어 있거나 면접에 성의가 없는 지원자들을 대하면서 면접관 스스로 스트레스에 노출되어 그러한 자세를 취하는 경향을 띄기도 한다. 일부의 면접관들은 압박면접의 상태에서 회사 상사와의 소통능력을 추리하기도 한다고 한다. 즉, 상사로부터 공격적인 질문이나 질책을 받았을 때 대응하는 능력을 보겠다는 것인데, 일리가 완전히 없는 말은 아닌 것 같다는 생각도 조금 든다. 하지만, 그러한 대응력이 역량의 측정과 회사의 이미지보다는 중요해 보이지는 않는다.

압박면접이 가지는 잘 못된 모습들

실제 현장에서 압박면접은 어떻게 진행될까? 여기서 오해하지 말아야할 점은 몇 몇의 피면접자들이 스스로 대답하지 못하는 상황들과 이어지는 꼬리질문(추적질문/심층질문)을 압박면접으로 받아들인다는 것이다. 이런 경우는 압박면접이 아닌 지원자가 스스로 느끼는 긴장감이라고 볼 수 있다. 면접관이 스트레스를 의도적으로 유발시킨 것이 아니기 때문이다. 실제 의도적인 압박면접은 개인의 멘탈(의식)상태를 깨뜨리는 작업과 비슷하여, 대부분 비난/힐책하는 질문들이 대다수를 차지한다. 인권위원회에서 하지말라고 권고를 할 만큼 수위가 쎈 질문들도 상당하다. 신체, 학력, 어학능력, 가족에 관한 사항까지 민감한 정보에 대한 거론 자체가 문제지만, 더 큰 문제는 늘 비난적인 발언이 함께한다는 것이다. "남들이 열심히 공부해서 학점을 취득할 때, 당신은 대체 무엇을 했었나요?", "이 직무를 수행하기에 본인의 외모는 고객들에게 호의적이지 않을 것 같은데..." 차라리 욕에 가까운 모욕적인 질문들도 상당하다.

압박면접을 포기하지 않는 기업 면접관들

기업들은 왜 압박면접을 시도했을까? 압박면접을 시행하는 면접관의 입장에서는 지원자들 스트레스 상태로 몰아넣고, 그 상태에서 개인의 인성, 태도, 문제해결의 접근법을 찾아보려고 한다. 위에서 설명한 바와 같이, 기업 내에서 상하간, 동료 간의 갈등은 생각보다 큰 스트레스이고, 이러한 스트레스에 대하는 개인의 태도들이 조직문화와 잘 어울려야 함을 주장한다. 압박면접에 대한 타당성은 이해되나, 인재를 뽑기 위한 좋은 방법이라고 생각하지 않는다. 그 이유는 기업에서 압박면접을 하는 것이 사회적 지탄을 받을 수 있고, 고용 브랜드의 측면에서도 매우 부정적이다. 또한 압박면접 후 제대로 된 관리가 되지 않아 인재들이 회사에 대한 부정적 선입견을 가질 수 있고, 결국 인재 채용에 실패 확률은 더욱 높아지기 때문이다.

잘가라, 압박면접

압박면접에 대한 부정적인 면이 늘어나다 보니, 대기업의 채용에서 압박면접은 실질적으로 없어졌다고 하여도 무방하다. 다만, 기존의 대기업 압박면접 트랜드가 중견-중소기업으로 전파되어, 상대적으로 중소기업에서는 아직도 압박면접을 한다는 소식이 전해지기도 한다. 앞으로 닥칠 고용난을 감안하면, 수 년 안에 이러한 비윤리적인 방법은 사라질 것으로 보인다.

압박면접을 지혜롭게 넘기는 방법

면접관은 당신에게 관심이 없다면, 질문조차 하지 않을 것이다. 선호하지 않는 인재에게 자신의 에너지를 쏟을 필요가 없기 때문에 어느 정도의 관심이 있는 사람에게 압박면접이 가해질 확률이 높다. 이에 피면접자 스스로도 위협의 요소로 인식하기 보다는 기회로 인식하는 생각의 전환이 필요하다. 압박면접의 긴장감과 스트레스를 줄이는 방법은 오직 이미지 트레이닝을 통해 단련하는 방법 밖에 없다. 내 앞의 저 사람은 면접관이 아니라 "우리 옆집에 방금 막 이사 온 아저씨" 정도로 생각하는 것이다. 예의는 갖추되 그렇게 긴장할 필요가 없는 상대로 마주하면 된다는 것이다. 그러한 나의 면접방식이 마음에 들면 자주 볼 사람이지만, 탈락할 것이라면 앞으로 마주할 일이 없는 사람 아니겠는가? 즉, 떨어지면 그냥 남이다. 그러니, 창피할 것도, 긴장할 이유도 없다는 것이다. 그리고 압박을 압박이라고 생각하지 않는 것이 좋다. 때로는 친구들과 사소한 것을 가지고 언쟁을 벌이지만, 우리는 이것을 싸움이라고 부르지 않는다. 그렇게 스스로 별게 아닌 일처럼 마주하면 된다.

35

PT면접과 토론면접을 위해 준비해야 할 것은 무엇이 있나요?

출신성분이 다른 평가기법

10년전, 캔미팅(맥주캔, 음주) 면접, 요리면접, 파티면접, 야구면접, 합숙면접, 노래방면접 등등 다양한 면접형태가 뉴스를 통해서 보도되기 시작했다. 뉴스에 나왔다는 것은 그 만큼 이슈몰이를 했다는 것이고, 장기적으로 지속되지 않았다는 것을 의미한다. 고용브랜드를 끌어올리기 위한 전략으로 사용되었기에 전략적인 큰 의미를 부여하기 어렵고, 평가의 강도도 합격여부를 결정할 만큼 크지 않았다.

PT면접과 토론면접도 이시기에 즈음하여 취업시장에 얼굴을 알렸다. 하지만 위에 소개된 면접들과는 나름 출신성분이 다른 면접기법이다. 기업 인사평가에서 고도화된 평가기법에 뿌리를 두고 있기 때문에 평가의 방법이 조금 더 체계화되어 있다고 할 수 있다. 하지만 기업 인사평가에서와 달리 방법만 체계화되었지, 평가결과를 도출하는데 있어서는 신뢰하기 어려운ㅅ 수준이다. 또한 PT면접과 토론면접에 대해 명확한 평가기준을 가지고 있는 기업들은 거의 없다. 참가자 또는 평가자의 시각에 따라 결과가 달라질 수밖에 없기 때문이다.

왠만하면, 불합격 주지 않는 면접

온라인에서 PT면접과 토론면접으로 인하여 떨어졌다는 후기들이 자주 보인다. 그리고 어떤 지원자는 토론면접에서 말 한마디를 하지도 않았는데, 합격했다고 한다. 이러한 정보들의 혼재가 우리를 더욱 혼란스럽게 만든다. 필자는 강연에서 이러한 면접들을 '짱돌 고르기'라고 표현한다. 밭에서 짱돌을 골라내듯, 문제가 될 만한 수준의 지원자들을 걸러내는 작업이라고 말한다. PT면접은 발표자의 생각을 구성원들에게 명확하게 전달하고, 설득하는 능력을 주시한다. 또 토론면접은 개인의 사고력과 구성원과의 의사소통능력을 중심으로 운영한다. 이러한 역량들을 기업 구성원으로서 필수역량이라고 볼 수 있지만, 이 역량이 좋다고 하여 반드시 성과가 좋은 것도 아니다. 즉, "필수의 역량이지만, 매우 뛰어날 필요는 없다"가 이 논쟁의 결론인 것이다. 기업의 채용실무자로써, 또 취업 컨설턴트의 경험으로 보았을 때, PT-토론면접에서 탈락할 확률은 2~5% 이내라고 판단된다(후술하겠지만, PT면접을 중심으로 심층면접을 하는 경우는 제외).

어김없이 착각하는 탈락자

대부분의 PT-토론면접은 실무면접과 함께 하루에 진행되는 경우가 대부분이다. 실무면접에서는 막힘없이 잘 대답하고, 분위기도 좋았었는데, PT-토론면접에서의 실수가 마음에 걸리는 탈락자들은 어김없이 PT-토론면접에서 탈락했다고 믿는다. 그러나 위에서 이야기한 바와 같이 이것은 탈락자의 착각일 확률이 매우 높다.

PT면접이 중요해지는 때

PT면접과 실무면접을 동시에 진행되는 경우가 있다. 특히, 마케팅 직무이거나, 경력직 이직의 경우에는 프레젠테이션 면접이 활성화되어 있다. 신입사원 채용과 달리 장소를 이동하지 않고, 그 자리에서 실무면접을 치르게 된다. 그렇기에 3명 이상의 면접관과 1명의 지원자가 면접을 보는 '다대일' 형태가 된다. 주로 서류합격 통보를 하면서, 프레젠테이션 주제를 안내하는데, 신입사원의 경우 자기소개 또는 회사의 제품에 관한 전략이 대부분의 주제이다. 여기서 PT면접은 점수로 산출되는 것이 아니고, 실무면접을 위한 도구로써 만 활용된다. 그러나 전반적인 면접 분위기를 좌우하는 시발점이 되므로 그 어느 때보다 PT면접이 중요하게 작용한다.

토론면접, 공부한다고 나오지 않는다.

일부 토론 참가자들이 과한 승부욕으로 감정까지 표출하는 경우가 발생한다. 미래의 상사와 동료들과 회의를 한다고 가정해 보자. 거기서 답이 있다. 토론면접에서 논리적 구성, 커뮤니케이션 스킬 외에 그 어떤 당신의 지식과 경험의 수준을 평가하지 않는다. 그렇기에 토론의 건전한 문화를 학습해야 하는 것이지, 무엇이 나올지도 모르는 주제에 대해서 많은 시간과 노력을 투자할 필요는 없다.

일반적으로 인문, 경상계열의 토론주제는 "일할 때 정장과 캐주얼 무엇이 맞나?"와 같이 가벼운 논쟁거리를 주제로 잡는 경우가 많다. 예전에는 정치, 경제, 사회적 현상을 가지고 토론을 했지만, 지식과 경험이 없는 참가자가 배제될 확률이 높아 되도록 가벼운 주제로 가는 추세이다. 간혹 이공계열 토론면접에서 공학적 해결방법을 논의하는 주제가 나오기도 하지만 정말 극소수한 확률을 대비하기 위해서, 넓은 범주의 공학서적을 오랜 시간 학습할 수는 없다. 이런 경우 대부분 팀미션으로 수행되는 경우가 많기에 팀 분위기에 맞추어 한두마디 정도 의견을 섞어내면 큰 문제가 되지 않을 것이다.

36

면접 분위기가 매우 좋았습니다. 합격인가요?

때로는 좋은 면접장의 분위기가 탈락의 시그널이 되기도 한다.

면접장에서의 좋은 분위기가 좋은 결과로 이어지는 것은 당연해 보인다. 하지만 면접장 분위기와는 전혀 다른 결과를 받아 들게 되는 일도 다반사로 존재한다. "면접관과 농담도 주고받을 정도로 분위기가 좋았고, 칭찬도 많이 받았습니다."라고 면접후기를 받고도 탈락하고, "긴장해서 무슨 말을 했는지도 모르겠어요. 어렵고 당황스러운 질문들이 많았지만, 어떻게 든 대답을 꾸역꾸역 다 하기는 했네요."라고 후기를 전한 지원자는 합격되었다. 이러한 결과가 발생하는 이유는 면접관의 심리에서 기인한다. 어차피 탈락시킬 지원자에게 어려운 질문을 할 필요가 없으니 분위기는 좋았을 것이고, 합격을 시키고 싶은 지원자는 충분히 검증을 해야 하니 어려운 질문들이 쇄도했을 것이다. 면접관도 관심이 가는 지원자에게 에너지를 더 쏟는다. 이러한 현상이 모든 면접장 분위기를 설명하지는 않는다. 그저 이런 경우도 있음을 당부하고 싶어 적게 되었다. 1박 2일 합숙면접을 들어갔던 지원자 모든 면접을 매끄럽게 치렀고, 지원자들 간의 경쟁대회에서도 우승을 했으며, 입사하면 멘토까지 해 주겠던 감독관이 있었음에도 불구하고, 탈락을 경험한 사례도 있었다. 이렇듯 상황과 분위기만을 가지고 면접결과를 쉽게 예단해서는 안 된다.

예상보다 더 정신없는 면접장의 상황들

지원자의 입장이 아닌 회사 또는 면접관의 입장에서 면접상황은 어떨까? 사세 확장으로 인하여 많은 채용공고가 올라오는 중소기업을 예를 들어보자. 성장형 중소기업의 경우, 인력관리의 안정성이 떨어지다 보니, 이직율도 매우 높아 면접의 횟수가 상당히 많다. 경력직은 단체면접을 꺼리는 경우가 많아 15분 단위로 잘라서 면접을 볼 만큼 정신없이 면접이 진행된다. 기업의 채용담당자는 지원자 대기시켜야지, 면접관들 일정 통보해야지, 면접장 정리, 평가지 배포, 면접비 지급 등 정신없이 일을 쳐내야 한다. 참석한 면접관들도 업무연락이 수시로 핸드폰으로 전달되기 때문에 오롯이 면접에 집중하는 못하는 경우도 많이 볼 수 있다. 이에 지원자들은 불만 또는 당황하는 표정을 내비치는 경우가 간혹 있는데, 그들의 상황을 이해하고 여유 있게 대처하는 자세가 필요하다.

합격은 아니지만, 좋은 시그널은 분명 존재한다.

면접을 많이 보게 되면, 면접관도 퉁명스럽게 대하는 경우가 많아진다. 면접관들이 고쳐야 하는 이미지 중 하나일 것이다. 때로는 1차면접에서의 면접관이 실질적인 의사결정권자가 아닐 경우, 후보자 몇 명을 모아서 위의 임원 또는 대표이사에게 올려야 하는 경우, 조금은 건조하게 면접을 진행하는 경우도 있다. 이때는 역량평가나 생각을 물어보기 보다는 이력사항에 대한 팩트 체크를 중심으로 면접이 이루어진다.

면접관의 질문이 공격적인지, 호감적인지 인상적 느낌으로 파악하기보다는 그들의 질문과 피드백 방법으로 파악하는 것이 더 나은 방법이다. 지원자의 본래의 모습, 성격, 의사결정을 단순히 비난하는 것이라면 분명 좋은 시그널을 아니다. 다만, 지원자의 논리를 인정하고, 조언을 하고자 하는 피드백들은 매우 긍정적인 신호중 하나이다. 즉, 원색적인 비난인지, 상사 또는 멘토로서의 피드백인지에 따라 달리 받아들여야 한다는 것이다.

호감적이라 하더라도, 너무 쉬운 질문만을 하던지, 지원자의 특별하지 않은 과거경험에 대해서 꽤나 자세히 물어보는 경우, 대개의 질문이 직무와 무관하고, 성격쪽에 초점이 맞추어져 있다면 이는 오히려 큰 관심이 없는 신호로 볼 수도 있다. 면접관은 이미 마음속에 탈락을 결정한 상태에서 구태여 어려운 질문을 던져서 곤란하게 만들게 하고 싶지 않기 때문이다. 그저 좋은 면접매너로 회사의 이미지를 만들려고 할 뿐이다.

정리하면, 직무에 관한 질문과 성격, 과거 경험이 적절히 섞여져 있고, 과거-현재 보다는 미래적인 측면에서의 비전을 더 중요시하고, 마지막으로 호의적인 방식으로 성격 코드를 맞추는 경우, 그리고 출근가능일 또는 연봉조정 여력 등을 물어보는 경우 합격할 확률은 더욱 높다. 특히, "결과가 어떻게 나올지 모르겠지만, 혹 회사에서 볼 수 있다면... 앞으로... "
와 같은 멘트는 적어도 면접에서 잘 보았다는 신호이다.

놀지 마라!
백수 아니다!

[구직활동]
지원전략과 구직노력

37

채용정보를 구하는 방법이 어떤 것이 있나요??

과거의 채용정보 루트

채용정보를 구하는 방법은 아마도 세계에서 대한민국이 제일 쉽지 않을까? 그 어느 나라 보다 더 온라인 플랫폼이 잘 발달했기 때문이다. 과거에는 채용정보를 얻기 위해서, 지역생활지, 신문광고, (직무별)전문지광고, 대학교 학과/취업처 등을 고루 살폈어야 했다. 또한 입사지원 자체가 오프라인 서식을 만들어서 제출하거나 회사 서식을 받으러 회사까지 가야만 했다. 하지만, 지금은 거의 대부분의 취업정보를 온라인 또는 SNS를 통해서 얻을 수 있는 시대에 살고 있다. 쉽게 얻을 수 있는 만큼 단점도 존재한다. 하나의 포지션을 두고서 무수히 많은 사람들과 경쟁을 해야 한다는 점이다. 따라서 스펙이 좋아 합격되는 사람들은 많은 기업들로부터 합격 오퍼를 받게 되고, 떨어지는 사람들은 경쟁에 밀려 계속 떨어지게 된다. 그리고 새로운 불편함도 생기게 되었다. 채용정보의 루트가 다양해지면서, 하나의 사이트를 이용하기 보다는 다양한 사이트들의 접해야 한다는 것이다. 채용사이트 간의 교집합인 채용정보들도 있지만 그 어느 하나의 채용정보도 놓쳐서는 안 된다. 만약, 내가 놓친 채용정보가 있다면 그 만큼 지원자 경쟁률이 더 낮을 것이기 때문이다.

무엇이든 다 있는 채용포털 사이트

사○인, 잡○리아, 인○루트 등의 채용포털 사이트에서는 전반적인 거의 모든 채용정보를 수렴하고 있다고 해도 과언이 아니다. 다만, 직무별, 산업별 분류와 키워드 검색 등으로 채용정보를 셀렉팅하는 과정에서 누락이 될 수도 있는 가능성은 존재한다. 하지만, 신입사원을 대상으로 채용하는 경우에는 크게 누락됨이 없이 정보를 활용할 수 있으며, 경력직의 경우에는 헤드헌터/파견회사들이 운영하는 별도의 링크도 확인해야 한다. 다만, 헤드헌터들이 내놓은 채용공고에 지원을 해도 연락이 오는 경우가 거의 없다. 대부분의 헤드헌터들은 공고를 내기도 하지만, 대부분 인재검색서비스를 주로 이용하기 때문이다. 이외에도 인적성검사 서비스, AI매칭 서비스 등 다양한 서비스를 이용할 수 있다.

외국계회사 채용정보

피○앤잡은 외국계 회사의 채용공고를 전문적으로 하는 사이트이다. 물론 대부분 사람인과 같은 채용포털에서 노출되어 있는 포지션들이다. 다만, 놓치는 포지션들도 분명히 존재한다. 외국계 기업에 대한 취업 또는 이직을 준비하는 이들이라면, 빠지지 않고 채용공고를 보기 위해 필수적으로 체크해야 할 사이트이다. 링○드인은 개인 인맥과 정보를 공유를 채널인데, 외국계 기업에 전략적 지원을 하는 구직자들이 필수적으로 활용하는 SNS 방식이다.

대학교 취업지원실, 학과 사무실

기업이 특정의 대학 또는 학과를 대상으로 채용을 진행하는 경우도 상당수 있다. 산학협력을 통해서 기회를 얻기도 하고, 교수님과 관계된 기업체들을 통해서 들어오는 경우도 있다. 이런 루트의 포지션에서 각각 몇 가지 특징을 보인다. 첫째, 특정학교, 특정학과에 대한 인력들을 사용해 본 결과, 근로자의 질이 상대적으로 만족스럽기 때문에 다시 재채용을 하는 경우이다. 대부분 장기적으로 인력채용이 진행되고, 회사 적응을 돕기 위한 선배들도 많이 존재한다. 물론 이것이 회사의 세력싸움으로 번지는 경우도 상당히 존재한다. 둘째, 일반 채용공고를 냈을 경우, 회사의 인지도가 떨어져서 양질의 근로자들을 선발하지 못하는 경우이다. 회사가 외형적으로 건실한 경우가 많기 때문에 학교에서 직접 나서서 모집을 도와주는 경우가 흔하다. 셋째, 일반적으로 취업준비생들의 회피가능성이 높아(근무의 질, 직장의 거리, 낮은 급여 또는 복지), 추천제도를 통해서 이직가능성을 줄이기 위한 조치로 채용을 진행하기도 한다. 이런 경우, 취업자들의 불만이 높아 일회성으로 진행될 확률이 높은 편이다.

직무별 채용 플랫폼

개○자천국, 디○이너잡, 널○잡 등 특정직무에 대한 채용플랫폼도 살펴보아야 채용정보 루트이다. 대부분은 신입직 보다는 경력직 위주로 공고가 편성되어 있고, 채용포털 사이트와 중복가능성이 높은 편이다. 다만, 쉽고 빠르게 접근할 수 있다는 측면에서는 도움이 될 수 있고, 직무의 특수성이 높을수록 단독 채용공고를 볼 확률이 높다. 최근 직무별 채용 플랫폼이 수 십 개씩 늘어가고 있지만, 충분한 정보를 담고 있는 플랫폼은 그다지 많지 않다.

구직자들의 커뮤니티, 취업카페

독○사, 취○, 스○업 등의 취업카페에서 채용포털에 없는 신규 채용공고를 보는 경우는 드물다. 게시판 형태로 운영하다보니 검색을 하는 것이 제한적이고, 정보 또한 다른 사이트에서 복붙 수준에 그친다. 취업카페는 채용정보를 얻기 보다는 구직활동에 대한 커뮤니티 활동으로 이용하는 것이 좋다. 다양한 사람들과의 소통을 통해서 정보를 교류하는 장소로 그 활용가치가 있다고 할 수 있다.

석사이상의 전문직 채용사이트

석사급 이상의 전문직 채용사이트로써는 독보적인 곳이라고 볼 수 있다. 다만, 일반기업의 채용정보 보다는, 대학의 강사, 교수직, 정부기관의 연구직, 공기업의 연구직, 기관장까지 높은 수준의 학력을 가진 구직자들의 채용정보들이 잘 정리되어 있다. 국내 모든 대학이 이 사이트를 통해서 임용공고를 올리는 것은 아니지만, 80-90% 정도는 이곳에서 임용, 채용정보를 확인할 수 있다. 기업의 부설연구소 채용공고도 확인할 수 있다.

인재검색 중심의 채용플랫폼

채용의 트랜드가 구직난에서 구인난으로 급격하게 변화하고 있다. 특히 경력직의 구인난은 점점 심화되는 방향으로 흐르고 있어, 이에 따라 기업이 모집을 하지 않고, 플랫폼에서 직접 인재를 컨택하는 방식의 플랫폼이 생겨나고 있다. 필자는 2022년 5월에 "달리보다"라는 이직플랫폼을 출시하였다. 지원자들의 민감한 개인정보를 담지 않은 블라인드 프로필을 통해서, 기업들이 자유롭게 인재를 선택할 수 있도록 인력시장의 자율성을 담은 구인구직 플랫폼이다. 또한 기업은 면접제의를 위해서 인재가 요구하는 면접비를 사전에 지급 보장하는 방식인데, 등록인재는 최대 30만원까지 면접비를 설정하여 이직활동비를 수입으로 얻을 수도 있다. 단 한 번의 등록으로 개인정보의 보안성과 면접수당의 혜택까지 얻을 수 있게 된 것이다.

38

자기소개서는 다 읽나요? 안 읽나요?

자기소개서는 모두 읽을까?

서류심사에서 탈락하는 많은 이들은 자신의 자소서가 문제가 있기 때문에 떨어진다고 생각한다. 이력서 보다 자소서가 더 중요하게 받아들여지는 것은 비슷한 스펙들이 양산되는 오늘날의 취업시장의 어두운 일면 중의 하나이다. 온라인 커뮤니티나 채용박람회에서 기업 채용담당자들은 자신들은 지원자의 모든 자소서를 꼼꼼히 살펴본다고 말을 하기도 한다. 심지어는 수 천명의 지원자들의 자소서를 수십명의 직원들이 하나도 빠짐없이 읽는다고 할 정도이다. 과연 그럴까? 얼마의 인사담당자들이 이 말에 동의할 것 같은가? 물론 그 회사는 그럴 수도 있지만, 전체 회사가 그런 냥 호도되어서는 안 된다.

"자소서 탓"은 그저... 탈락의 명분

앞서 이야기한 바와 같이 대다수의 지원자들이 자신의 스펙보다는 자소서로 인하여 탈락을 한다고 믿는다. 이는 유사한 스펙으로 판단되는 사람들이 서류전형에 합격하고 자신은 떨어지는 현상들을 체감하기 때문이다. 하지만, 유사한 스펙이라고 하더라도, 100% 동일한 스펙이라고 할 수 없다. 물론 자소서 때문에 떨어질 수도 있지만, 비슷한 스펙이라고 하더라도 결정적인 요소 한 두가지로 합격의 성패를 달리 할 수 있다는 점을 잊지 말아야 한다.

취업컨설팅의 상업성이 과도한 스킬이 난무하는 자소서를 탄생시켰다.

차별적인 자소서 스토리를 부각시키다 보니, 너도 나도 거짓과 과장으로 자소서를 작성하기 시작했고, 취업컨설턴트들은 과도한 분석을 통해서 프로페셔널한 자소서를 만들기에 이르렀다. 이러한 경쟁을 부추겨 자소서가 1차 서류전형에서 판가름을 짓는 큰 요소로서 그들의 마케팅 전략에 활용되기도 했다. 그러나 대부분의 인사담당자들은 이렇게 말한다. "전문가가 쓴 자소서들은 한 눈에 알아볼 수 있습니다.", "자신의 이야기를 솔직하게 담아내면 충분합니다." 아이러니 하지 않은가? 전문적인 것이 오히려 독이 될 수 있다는 것이 말이다.

이력서(스펙)보다 자소서가 더 중요한 것일까?

당신이 회사의 채용담당자라고 생각해 보자. 스펙보다 자소서의 내용을 더욱 중요시할 수 있는가? 이성적으로, 객관적으로 생각해 보자. 잘 쓴 자소서로 그 간에 쌓아왔던 스펙을 뛰어넘는 것이 당연한 것인가? 사실 우리는 이미 정답을 알고 있다.

자소서가 크게 중요하지 않은 이들도 있다.

자소서를 잘 써서 스펙의 차이를 넘어선다는 생각은 결코 이성적이고, 합리적인 판단이 아니다. 합격선과 스펙의 차이가 현저한 지원자들은 필요한 노력을 하되, 자소서 작성에 과도한 노력을 기울일 필요는 없다고 생각된다. 예를 들어, 해외영업직 채용에서 어학연수 경험이 없고, 경영계열 출신도 아니며, 어학점수만 보통이상인 지원자와 유학생 출신 또는 영문과전공, 어학연수 1년인 지원자들과 현격한 스펙 차이가 난다. 이럴 경우, 전자의 입사지원자가 후자의 다른 이들을 자소서 스킬로만 넘어서기는 쉽지 않다.

경쟁자와 비슷한 스펙의 보유했다면, 자소서는 매우 중요하다.

합격선에 지원자들이 서로 비슷한 스펙, 또는 비교할 수 없는 스펙들이 혼재되어 있는 경우가 많다. 즉, 스펙만 보고 누구를 뽑아야 할지 망설여지는 경우가 발생하는 것이다. 이때 자소서의 내용은 서류전형 선발과정에서 결정적인 영향력을 보이기도 한다. 예를 들어, 해외영업직 채용에서 '수도권대학+경영학과+어학연수 1년+기타 무역스펙/자격증'을 가진 지원자와 '미국 유학생 출신+국제학과 전공+무역관련 인턴십+낮은 학점'을 가진 지원자가 있다면 이 둘 중 누구를 뽑아도 스펙적으로는 문제가 없다고 판단할 수 있을 것이다. 물론 회사별로 선호하는 스펙이 있기는 하지만, 그러한 전제를 제외한다면 이 둘은 경합하게 될 것이고, 결국 각각의 자소서 내용들이 합격의 결정요소로 활용될 수 있을 것이다.

최선을 다 하되, 매달리지는 말자. 자소서

자소서는 그저 최선을 다해야 할 뿐, 최고를 만들기 위해 너무 많은 에너지를 쏟아 붓는 것은 낭비이다. 전문가가 아니 고서는, 자신이 어느 그룹에서 어떻게 경쟁하고 있는지 유추하는 것조차 쉽지 않다. 정확하지는 않더라도 주변의 도움을 얻어 자신의 스펙에 대한 조언을 구할 길은 열려 있다. 대부분 취업준비생들이 이러한 자가진단 활동을 하지 않고, 온라인 상에서 만의 정보를 조합해 자신의 경쟁력 상태를 판단하는 경우가 많다. 취업전문가 또는 실무에 있는 다양한 사람들과 접촉을 해 본다면, 자신의 취업 경쟁력을 진단하는데 큰 도움이 될 것이라 믿는다.

39

금융권, 공기업 중심으로
취업준비는 어떻게 해야 하나요?

금융권: 안정적 취업전략을 구축하라.

금융권을 준비하는 친구들은 금융관련 자격증 획득에 생각보다 많은 시간을 쏟고, 그러한 자격증이 없으면 거의 불가능한 것처럼 이야기할 때가 많다. 물론, 없는 것보다 있는 것이 당연히 더 나은 것은 사실이지만, 금융권 취업에 실패할 경우, 장기간의 공백기간과 금융권을 제외한 무스펙은 실로 큰 문제가 되기 쉽다. 일반기업에 지원할 때에 금융권 자격증을 이력서에 기재하자니, 실패자 낙인처럼 보이고, 안 쓰자니 너무나 큰 공백기간을 설명할 길이 없다. 필자는 금융권기업으로의 취업을 목표로 하는 사람들에게 다음과 같은 전략이 필요하다고 이야기해왔다.

첫째, 금융권 중 목표로 하는 기업의 형태를 선택하여, 집중할 필요가 있다. 은행, 증권, 투자, 보험 등 나름대로의 분류에 따라서 각기 다른 스펙 또는 노력들이 필요하기 때문이다. 둘째, 금융권 자격증은 재학 중 가능할 때만 취득하는 것이 좋다. 졸업유예를 하면서까지 자격증에 목을 메어서는 안 된다. 공백기 없는 스펙이 자격증보다 나을 때가 많기 때문이다. 실제로 당사의 취업컨설팅을 받고 금융권으로 취업한 구직자들이 많았는데, 대부분은 금융권 자격증 1개도 없는 경우가 허다했다. 셋째, 금융권이 안 되었을 경우를 가정한 시나리오를 준비해야 한다. 무엇이 최우선인지는 본인이 결정할 문제이지만, 적어도 실패에 따른 대안을 준비하면서 밀어붙여야 안정감과 자신감을 가질 수 있고, 더 좋은 결과로 이어질 수 있다.

공기업: 듀얼 트랙 취업전략을 실행하라.

공무원 시험을 준비하던 친구들이 가장 선호하는 취업처는 바로 공기업이다. 아마도 시험의 유사성 때문이라고 판단되는데, 최근의 공기업 취업은 공무원 시험 못지 않다. 또한 직무적인 스펙과 지식을 필요로 하고, 면접 불합격률도 감안해야 한다. 공기업을 준비하는 전략 또한 앞서 금융권처럼 듀얼 트랙을 준비하는 것이 좋다. 다만, 시나리오적인 부분이 아닌, 동시에 공략해야 할 필요성이 있다. 일반 사기업과 공기업을 동시에 공략하여 합격하는 기업을 우선적으로 선택해야 한다. 많은 취준생들은 함께 할 수 있음에도 불구하고, 구태여 선택과 집중을 하려고 한다.

취업에서는 전략을 세우는 것이 가장 중요하다. 견고한 취업전략이 있어야, 좋은 스펙을 개발하고, 좋은 자소서를 쓰고, 자신감 있는 면접을 볼 수 있다. 그래서 자신에게 더 유리한 취업처를 선택할 수 있는 것이다. 당장 무엇에 매달려야 하는 강박관념에 사로잡혀 전략적인 행동을 하지 못한다면, 이는 또 다른 기회비용을 양산하는 것과 같다.

40

공채시즌을 기다리면서 제가 해야 할 것은 무엇일까요??

무분별한 스펙쌓기는 이제 그만!

많은 취준생들이 공채시즌을 기다리면서, 부족한 스펙을 메우거나 취업 스터디 활동들을 병행한다. 그것도 아르바이트를 하면서 하니 더욱 고될 수밖에 없다. 이러한 고된 노력들이 취업의 성공확률로 반영된다면 정말 좋겠지만, 전략적인 방향설정의 문제 때문에 전 기수의 공채처럼 서류광 탈의 쓴 맛을 보는 경우가 허다하다. 일반적으로 취업스펙이 부족한 친구들은 토익, 토플, 토스, 아이엘츠와 같은 어학점수나, 컴퓨터활용능력, MOS, 한국사 시험 등을 선호하기에 학원가에는 취준생들로 넘쳐난다. 이러한 노력들이 결코 무시될 것은 아니나, 효과적인 방법이라고 할 수 는 없다. 앞서 다른 글에서도 언급했지만, 이러한 스펙들은 졸업하기 전 에 갖추어야 할 스펙들이다. 졸업한 이후에는 철저하게 직무를 중심으로 스펙을 쌓아야 한다. 그럼에도 불구하고, 이러한 스펙들을 선호하는 것은 직무설정이 불분명한 상태에서 다양한 곳에 지원할 수 있는 스펙을 선호하기 때문일 것이다. 하지만, 한 가지 분명한 점은 직무의 선택과 집중이 취업성공 여부에 가장 크게 미치는 변수임을 잊어서는 안 된다는 것이다.

목표 직무에 따른 맞춤형 스펙전략이 필요하다.

직무에 따라서 스펙을 준비하는 방법은 직무 특성에 따라서 달라진다. 우선 다양한 직무별 연구조사를 통해서 해당 직무에서 필요로 하는 역량과 지식, 경험들을 조사하는 것이 필수이다. 대표적인 몇 가지 직무에 대해서 도움이 될만한 내용들을 나열해 본다. 아래의 준비사항들은 산업 특성에 따라서 달라질 수 있음을 양지해야 한다.

[해외영업] 무역관련 자격증, 인턴십(무역, 포워딩), 영어회화 숙련 및 유지 활동(학원, 교습), 산업박람회 방문, FTA에 관한 상세 지식, 영업/마케팅 용어 및 전략의 이해, 해외 구매절차 등 지식함양

[인사] 노동법 지식과 법규 개정동향, 인사/총무실무-지식 습득 및 교육 이수(수료증), 단기실습/인턴-경영관리팀, 인사관리론/노사관계론/노동 경제학 등 관련 기초지식 습득, 인사전략 동향 및 해결점에 대한 아이디어 구체화

[회계] 회계관련 자격증(능력에 따라서), 세무서 사무실 또는 기업 회계팀

아르바이트-결산작업 또는 전표기장을 중심으로, 회계 계정에 대한 충분한 지식-현장사례 및 스킬 습득

[온라인 쇼핑몰 MD] 포토샵, 프로그래밍, 지원 산업군에 대한 상품지식, 쇼핑몰 모의 운영(알바), 상품기획 및 온라인 마케팅 관련 지식습득 등 직무에 필요한 스펙은 온라인에서 볼 수 있는 현업 실무자들의 인터뷰 정보가 도움이 되기도 하지만, 직접적으로 미팅을 통해서 얻는 정보가 가장 정확하다고 할 수 있다. 때로는 기업 면접을 통해서 얻어지는 산업 트랜드와 직무정보도 가치가 높은 편이다.

입사지원을 공고마감일에 해도 괜찮은 건가요?

정시는 모집기간 언제든 상관없고, 수시는 ASAP

대기업의 입사지원의 경우, 공고 마감일에는 서버 부하로 인하여 정상적인 입사지원서 접수가 안 되는 경우가 종종 발생한다. 물론, 이러한 기술적인 문제로 인하여 접수가 안 되는 경우, 하루 이틀 정도 접수기간을 연장시켜준다. 일반적으로 대기업의 입사지원은 첫 날에 접수하나, 마지막 날에 접수하나 큰 차이가 없다. 접수 마감 후, 일괄적으로 스크리닝(선별)하는 작업을 하기 때문이다. 하지만, 수시접수 또는 경력직 채용에 있어서는 중간 중간 임시마감하여 면접을 진행하는 경우가 많기 때문에 마감날짜에 주의를 기울여야 한다.

[대기업의 신입공채-정기모집] 위에서 언급한 바와 같이 공고 마감일 언제 접수를 하든 큰 상관이 없다. 다만, 접수 마감시간에는 서버가 불안정한

경우가 많으므로 미리 미리 접수를 하는 것이 좋다.

[대기업의 계열사별-수시모집/일정기간] 신입직의 경우에는 정기 공채와 마찬가지로 (2주 이내의)마감일이 지난 후 서류검토 작업을 진행하는 것이 일반적이다. 하지만, 채용공고의 기간이 한 달 정도로 긴 경우에는 중간 중간 서류접수된 인원을 기준으로 면접을 수행하는 경우가 많다. 따라서, 미리 미리 지원을 하는 전략이 필요하다. 경력직의 경우에도 다를 바 없지만, 대부분 한 달 이상의 채용기간을 소모하는 경우가 많다. 그리고 중간 중간 면접을 지속적으로 실시한다. 특히, 경력직의 경우 헤드헌터를 통해서도 동시에 모집하는 경우가 많기 때문에, 취업사이트의 등재된 이력서를 주기적으로 업데이트를 해주는 센스가 필요하다.

[대기업 계열사별-수시모집/상시채용] 기업은 신입직이든, 경력직이든 많은 인재 정보를 보유하고 싶어한다. 그래서 실제 채용이 필요한 시점에 대비하여 사전에 인재들의 데이터를 수집해 놓는다. 그것이 수시모집 또는 상시모집인 경우가 많다. 하지만, 이렇게 1년 내내 열어놓고 받는 데이터가 무슨 의미인지 나는 도통 이해를 할 수가 없다. 이러한 모집에 응하면, 지원해 주셔서 감사하다는 자동 메일 말고는 큰 기대를 하기가 어렵다. 엄청난 고스펙자(이 회사에 들어가기 아까운, 또는 이 회사 입장에서 보면 찾기 힘든 인재)가 아니라면, 면접제의 받는 것은 거의 불가능에 가까울 정도이다. 이러한 채용에서 성공한 사례를 한 번도 목격하지 못했다. 하지만 구직자 입장에서는 지푸라기를 잡는 심정으로 입사지원을 하게 된다.

기업이 사용하지도 않는 채용방법으로 사회적 비용을 양산하고 있다는 점에서 매우 안타깝다.

[중소기업-수시모집/일정기한] 중소기업은 따로 설명할 필요가 없을 정도로 그야말로 속도전이다. 많은 구직자들은 지원한지 하루만에 서류합격 소식을 듣고, 다음 날 면접이 잡히는 장면은 아주 흔한 케이스다. 물론 합격 후, 출근을 하는 기간도 매우 짧다. 신입직이든, 경력직이든 진배없다. 다만, 경력직의 재직 중인 경우에는 최대 2주간 시간을 주기도 한다. 그렇기 때문에 채용공고가 올라오자 마자, 바로 바로 지원하는 것이 유리하다. 그리고, 때로는 채용공고가 올라오고 한달 동안 유지되는 경우가 있는데, 못 뽑았을 수도 있지만, 채용이 이미 완료된 경우도 상당하다. 다만, 기업의 입장에서 새로 들어온 사람이 금방 퇴사를 할 수 있기 때문에 인재풀 확보를 위해서 채용공고를 내리지 않는 경우가 많다.

42
회사정보를 어떻게 구해야 하나요?

껍데기가 아닌 속을 보는 눈이 필요하다.

취업을 준비하면서, 우리는 충분한 회사의 정보를 필요로 하나, 이러한 정보를 얻는 데는 매우 한정적 일 수밖에 없다. 간혹, 취준생들은 나에게 이런 질문을 던지곤 한다. "강소기업은 어디인가요?", "어떤 기업에 지원을 해야 하나요?", "좋은 회사를 선택하는 법은 무엇인가요?", "작아도 안정되고, 복지 좋은 기업을 찾고 싶어요..." 필자가 이런 회사 사전에 알고 있다면, 주식 투자를 해서 대박이 났을 것이다. 강소기업, 벤처기업, 유망중소기업 등의 인증은 각 지자체 또는 중소기업청과 같은 기관에서 인증해 주는 것이어서, 특정 조건을 만족하면 얻을 수 있는 자격이다. 물론 그런 자격이 없는 곳 보다는 낫겠지만, 기업의 미래를 어찌 알겠는가? ISO 인증을 받았다고 다 고품질의 제품을 생산하는 것도 아니고, 전산회계 자격증이 있다고 하여 다 회계실무를 잘 하는 것이 아니듯 말이다.

필자가 취준생이 사전에 회사의 안정성과 성장성을 가늠할 수 있는 노하우를 알려주기는 하지만, 어디 까지나 참고용을 활용될 뿐 주된 의사결정의 요소로 사용되어서는 안 된다.

회사의 정보가 필요해질 때

[입사지원 여부의 결정] 입사지원을 함에 있어서 채용공고에 게시된 기업정보를 넘어서 회사 정보에 대한 갈증을 가질 필요는 없다. 자신이 지원하고자 하는 업종, 직무, 종업원 수, 위치 정도만 일치한다면, 일단 입사지원을 하는 것이 좋다. 클릭 한 번이면, 손 쉽게 지원할 수 있을 경우에는 물어볼 필요도 없겠지만, 설령 자소서 항목을 따로 작성한다고 하더라도 지원의 기회를 놓치지 말자.

[자소서의 작성] 자소서의 지원항목을 작성하기 위해서 홈페이지의 방문이 필수적이나 그 이상의 정보를 찾기위해 노력을 할 필요는 없다. 그 회사의 제품과 시장, 고객, 연혁 정도를 이해하는 것이 중요한 것이지, 노출정보를 직접적으로 사용하여 자소서를 작성하여서는 안 된다. 즉, "최근 OO국가로 500만불 수출을 하면서 글로벌 시장에 대한 경쟁력이 검증되었다"라는 온라인 상의 공유된 문장을 사용하면, 거의 모든 지원자가 동일하게 작성할 확률이 높기 때문이다.

[면접의 준비] 대부분 회사 정보가 가장 필요한 이유는 면접상황을 대비하기 위해서이다. 입사지원은 그저 선택과 기회의 문제이기 때문에 큰 정

보가 필요치 않았고, 자소서도 일방적인 입장을 피력하는 것이기 때문에 필요한 정보만 얻으면 되었다. 하지만 면접은 어떤 질문이 나올지 모르기 때문에 회사의 정보를 이해하는 것은 매우 중요한 일이 된다. 면접회사의 산업/회사를 이해하기 위한 노력 정도의 수준을 요구하는 것이지, 내부자처럼 속속들이 알고, 평가하기를 원하는 것이 아님을 알아야한다.

회사의 정보의 다양한 출처들

[홈페이지 정보] 신설법인이나 스타트업기업을 제외하고, 오래된 기업들의 홈페이지는 현실과 떨어져 있는 경우도 상당히 많다. 그럼에도 불구하고, 최근에는 리쿠르팅 또는 홍보용으로 제작하는 경우가 많기 때문에 사업의 방향, 제품, 이력, 고객, 인재상 등 다양한 기초정보를 얻을 수 있다.

[금감원 전자공시시스템(DART)] 코스닥, 코스피 상장회사라면, 사업보고서 및 최근 공시를 눈여겨 볼 필요가 있다. 최근 사업보고서(일반적으로 매년 3월말 공시)를 다운로드 받아 "2. 사업의 내용"을 통해서 사업의 특징과 시장경쟁력, 제품시장의 특성들을 파악할 수 있다. 만약 상장한 회사가 아니라면, 경쟁사 중에서 상장한 회사의 것을 보면 된다. 특히, "산업의 분석" 부분은 동일한 업종이라면 대동소이한 정보들로 채워져 있기 때문이다. 취업준비생이 접근할 수 있는 가장 공신 된 정보의 일종이다.

[인터넷 뉴스] 가짜 뉴스까지는 아니지만, 홍보용 뉴스가 워낙 많기 때문에 주의도 필요하다. 다만, 최근에 일어난 이벤트들을 한 눈에 볼 수 있다는 것이 장점이다. 다만, 조사를 할 때에는 최근 순으로만 보지 말고, 기간 별로의 뉴스를 살펴보는 것이 좋다. 어떤 특정 뉴스가 이슈화 되면, 과거의 뉴스는 한 참 뒤에 밀려 있기 때문이다. 그래서 기간 별로 뉴스를 살펴볼 필요가 있다. 필자는 최근 3년 이내의 뉴스 검색을 권고한다.

[취업블로그, 취업카페 등 취업 커뮤니티] 온라인 카페에 있는 게시글로 질 좋은 정보를 찾기는 어렵다. 다만, 요약되어 있는 정보는 손 쉽게 접근할 수 있다는 것이 장점이다. 그리고 댓글 등을 통해서 면접 경험자들의 의견을 볼 수도 있다는 것도 커뮤니티를 찾는 이유이다.

[취업/면접후기 사이트] 면접의 형식적인 측면에서는 참고할 만하다. 하지만, 면접 질문 및 면접관의 성향은 동일한 분야가 아니라면 참고하기 어렵다. 면접은 기업별 특징보다 면접관의 성향에 따라서 면접의 방식과 분위기 달라진다. 그리고 취업후기에서는 그 회사에 대한 단점을 많이 찾아볼 수 있는데, 단점은 어느 회사에도 존재한다. 차라리 그것만 있는 것이 다행일수도 있다. 단점도 참고용으로 보되, 면접에서 거론해서는 안 된다. 기업의 장점과 단점의 강도가 아닌 유형을 중심으로 정보를 받아들이는 것이 좋다.

[네이버/구글 검색] 기업이 운영하고 있는 인스타, 블로그, 유튜브 등 다양

한 SNS 채널을 탐색하는 것을 너머 검색엔진을 통해서 다양한 정보를 취하는 것도 필요하다. 필자는 네이버 보다는 구글 검색을 선호한다. 구글링을 하다 보면 우연하게 꿀 같은 정보를 마주할 때가 자주 있기 때문이다. 아마도 검색 메커니즘의 차이라고 보이지만, 다양한 검색활동을 통해서 정보를 최대한 늘리는 작업은 면접에 큰 도움이 된다. 지원자에게는 그것이 최선이고, 면접관은 입사를 위해 최선의 노력을 다한 사람을 알아보기 때문이다.

43

구직기간 동안의 어떻게 생활하는 것이 좋은 것인지 모르겠습니다.

구직기간 동안의 생활관리는 합격 뿐만 아니라, 회사의 적응에 까지 큰 영향을 미칠 수 있다. 많은 취준생들이 다음과 같이 두 가지의 생활 패턴을 갖는 경우가 흔하다.

아무것도 하지 않는 취업준비생

탈락할 것이 두려워 입사지원을 시도하지 않고, 취업에 성공하지 못한 자신의 모습이 실망스러워 사람들을 만나지 않아 은둔형 외톨이가 되어 버린 취업준비생들이 있다. 부모님과의 대면을 피하겠다는 이유로 새벽 녘까지 활동을 하고, 늦잠을 잔 후 오후가 되어서 집을 나선다. 사람들의 시선을 빗겨가며 살아가고 싶어한다. 무엇인가 스펙을 쌓아야 할 것 같 아서, 학원이든, 도서관이든 다니기는 하나 전혀 집중이 되지 않으니 성과가 날리도 만무하다. 중간 중간 스트레스를 해소한다는 차원에서 게임을 하거나, 책을 읽거나 하지만, 자신이 집중해야 될 시간보다 허투루 보내는 시간이 더 길게 된다. 결국, 무엇인가는 하고 있지만, 아무것도 하지 않는(성과가 없는) 취업준비의 시간인 것이다. 이런 경우 극한의 스트레스 받거나, 경제적 어려움을 겪거나, 새로운 동기요인이 생기면 자연스럽게 벗어나는 경우가 많다. 하지만, 많은 구직자들이 이러한 기간을 보통 1-2년 정도 보내는 경우도 있으니, 이 글을 읽는 여러분들은 반드시 생활관리에 주의를 기울여 주기를 바란다.

아무거나 뭐든 지 하는 취업준비생

아무것도 하지 않는 것 보다 낫지만, 아무것이나 하기 때문에 향후 취업 결과에 대한 스트레스나 낙담의 충격은 더욱 클 수밖에 없다. 그리고 그 충격에서 벗어나는 것이 쉽지 않아 위에서 언급한 '아무것도 하지 않는 취업준비생'이 될 가능성도 존재한다. 취업이라는 목표는 분명하지만, 직무에 대한 전략도 없고, 취업에 대한 스킬-노하우가 없는 구직자들은 '아무거나 뭐든 지 하는 취업준비생'이 될 확률이 높다. 부지런하게 책을 보고, 강연을 듣고, 학원을 다니고, 스터디를 하고, 때로는 기업의 근로자들보다 더 바쁜 삶을 사는 취준생들이 있다. 그래서 그들이 얻은 것은 조금 높아진 어학점수와 한국사자격증, MOS, 컴활과 같은 자격증, 취업은 매우 어렵고 경쟁률이 쎄다는 정도의 감각을 얻는다. 물론 아무것도 안 하는 것보다 무엇이든 하는 것이 더 나은 방법이나, 일명 "가성비"가 안 좋은 생활관리 방법이 될 수도 있다. 지금껏 당신이 이러한 바쁜 활동을 하

면서 다양한 입사지원의 기회를 놓치고 있는 것은 아닌지 되돌아보아야
한다.

취업전략의 힘을 믿어라!

취업전략은 자신이 지원하고자 하는 산업/직무를 명확히 하여, 커리어
의 방향을 설계하는 단계까지 구상한다. 나아가 구직자가 필요한 스펙
과 역량을 분석하여, 성실히 만들어 가는 노력을 더 했을 때 좋은 취업
성과로 이루어진다. 따라서 자신이 무엇을 해야 할지에 대한 방향성을
갖추는 것이 당신이 가장 먼저 해야 할 일인 것이다.

**나에게 영향을 미칠 수 있는 사람, 정보를 줄 수 있는 사람을 만
나라!**

가장 간절한 사람이 승리하는 것은 경쟁의 법칙이자 취업에서도 적용된
다. 속된말로, 쪽팔려서 하기 싫다면, 얻을 수도 없을 것이다. 취업컨설턴
트가 되었든, 해당 분야의 실무자들이 되었든, 학창시절에는 재수없었던
선배지만 지금은 건실한 회사에 잘 다니고 있는 선배가 되었든, 우리는
만나야 한다. 만나야 들을 수 있고, 들어야 이해할 수 있다. 많은 구직자
들이 자기 주변에는 그런 사람들이 없어서 만날 기회가 없다고 한다. "
길거리에 지나가다 처음 만나는 사람도 3명만 거치면 아는 인맥" 이것이
대한민국의 사회이다. 학연, 지연, 혈연 등을 활용하지 못함은 간절함이
부족한 것이 아닌지 스스로에게 물어봐야 할 것 같다. 우리는 SNS시대
에 살고 있다. 페이스북, 인스타그램, 링크드인, 수많은 카페와 블로그, 모

두 인맥의 시작점이 될 수 있다. 온라인이든, 오프라인이든, 이제는 무대로 나서야 할 때이다.

생활계획표를 만들어 보자!

초등학생도 아닌데, 무슨 '생활계획표'냐고 할 것이다. 당신에게 초등학교 시절 생활계획표는 어떤 의미였나? 내 기억에는 '자신과의 약속'이라는 점에서 가장 큰 동기를 가졌던 것 같다. 그러나 지금의 생활계획표는 철저한, 경직된 생활계획표를 지양한다. 자신이 꼭 지켜야 할 생활계획표가 아닌, 자신이 무엇을 해야 할 지 모르는 상황에서 활용될 계획표를 만들라고 한다. 즉, 특별하게 연속적으로 해야 할 일들(공부, 모임 참석, 그 밖의 이벤트성 행사들)이 있을 때는 그 일에 집중을 하되, 그러한 일이 끝나고 '지금 당장! 무슨 일을 하는 것이 좋을까?' 라는 물음이 생겼을 때, 자신이 무엇을 해야 할지 알려주는 알람의 기능에 더욱 가깝다고 할 수 있다. 즉, 멍 때리는 시간, 낭비되는 시간을 최대한 잡아내어 목표를 달성하게 해주는 기능을 수행한다. 이외에도 생활계획표를 통한 리듬감 있는 생활관리는 곧바로 회사생활을 시작하여도 쉽게 적응할 수 있도록 도움을 주기도 한다.

공부하고, 공부하고, 또 공부하자!

당신은 대학 때 학과 수업에서 들었던 내용에 대해서 기억하고 있는가? 특정의 (전공/직무관련)단어를 들었을 때 설명할 수 있는가? 아마도 많이 부족할 것이다. 그리고 그 빈틈을 면접관들은 꽤 잘 공략한다. 그리고 평

가할 수 있다. "기본도 안 되어 있는 데, 이 일을 잘 할 수 있을까?" 적어
도 직무/전공과 관련된 부분은 중요한 이론과 키워드 정도는 끊임없이
학습해 두는 것이 좋다. 물론 시간이 허락하면 말이다.

스펙으로 쌓이는 시간을 만들어 가자!

어떤 이가 일주일 후, 대기업 마케팅기획 직무의 면접을 앞두고 있다. 당
신에게 하루의 자유시간이 주어진다면, 당신은 면접 스터디를 하겠는가?
아니면 마케팅 공부를 하겠는가? 아니면, 마케팅 세미나 또는 관련 박람
회에 참석하겠는가? 구직자들의 준비상태에 따라 다르겠지만, 스토리텔
링이 그 어느 때보다 중요한 요즘은 3번째의 방법이 더 나은 방법일 수
있다. 물론 아직도 대부분의 구직자들은 취업카페에서 동일 면접을 준비
하는 사람들과 스터디 모임에 나가려고 하겠지만 말이다. 자신에게 경력
과 경험으로 지식과 정보로 쌓이는 시간, 그것을 늘리는 것도 취업생활
관리에 아주 중요한 포인트다. 쉽게 이야기하면, 스펙으로 쌓이는 경험을
구직기간 동안 신경 써서 관리하라는 의미로 해석하면 된다.

44

입사지원 하기 전에 회사에 대한 정보를 얼만큼 알아야 하나요?

입사지원 전, 나의 정보를 먼저 확실히 하자.

입사지원을 하고, 면접을 볼 때 자신을 판매하는 행위이기 때문에, 마케팅 전략이 그대로 적용되는 경우가 많다. 우리는 자신에 대한 선택과 집중을 통해, 다른 구직자들과 차별화를 시도하는 것이다. 입사지원을 할때, 이 회사 저 회사, 이 직무, 저 직무... 그렇게 지원을 한다는 것은 결국, 아무것도 전문화(특화)된 모습이 없다는 것이다. 그렇기에 전략적으로 직무를 중심으로 카테고리를 만들어야 한다. 회사의 위치, 규모, 연령, 종업원의 수, 특정의 산업 등 자신만의 입사지원 카테고리가 필요한 것이다.

입사지원 상황별 회사정보

[취업포털] 취업 플랫폼 이력서로 바로 입사지원을 할 수 있을 때에는 채

용공고의 기업정보만 판독하여 본인의 카테고리에 들어오면 그냥 지원한다. 더 이상의 정보를 찾을 필요는 없다. 아직 붙은 것도 아니고, 자소서를 다시 써야 하는 노력도 필요 없다. 그저 클릭 한 번이면 된다. 너무 많은 생각은 하지 말자.

[입사지원서 신규작성/표준 자소서 활용가능] 새로운 온라인 취업플랫폼 또는 구인기업의 입사지원 포맷으로 지원을 해야 하는 경우, 기존의 표준 타입의 자소서를 반영하여 진행하는 것이기 때문에 입사지원에는 약 30분-1시간 소요될 것이다. 시간적 무리가 없다면, 홈페이지 정도만 둘러보고, 산업과 제품, 고객, 회사이력 등의 정보면 충분할 것으로 보인다.

[신규 자소서 작성필요] 자소서 항목이 판이하게 다르고, 회사의 전략(개선점)까지 거론해야 하는 상황이라면 면접과 비슷한 수준의 정보조사가 필요하다. 특히, 산업의 동향과 직무와 연관되는 변수들에 대한 정보를 철저하게 조사하고, 그에 따르는 전략 또는 개선점, 아이디어를 제시해야 할 것이다. 이 때 입사지원서 작성 1시간, 자소서 작성 3-5시간, 정보조사 8시간은 넘지 말자. 만약 이 시간이 넘었다는 것은 정보조사가 너무 과도하거나, 자소서 작성 스킬이 부족한 것이다. 필자의 경험에 따르면, 며칠씩 과몰입해 쓴 자소서가 결과적으로 좋은 자소서인 경우는 드물었다.

45
한 공채시즌에 몇 번을 지원하는 것이 적당합니까?

대한민국 신입사원 채용시장의 흐름

일반적으로 공채시즌은 3월-6월, 9월-11월, 상하반기 각각 3개월씩 총 6개월을 말한다. 기업별로 상반기, 하반기 중 한 번만 채용을 실시하는 경우도 있지만, 유명 대기업의 경우에는 각각 두 번의 신입사원 공채를 실시한다. 중소, 중견기업의 경우에는 공채시즌이 존재하기 보다는 매번 상시로 진행되는 경우가 다반사 이므로 특별히 공채시즌을 기다릴 필요는 없다. 채용시장에서 극 비수기가 존재하는데, 여름 휴가철인 7월말-8월초, 연말시점인 12월 중순-1월 중순까지는 채용공고가 현저하게 줄어든다. 이러한 공채시장의 특성을 보았을 때, 공기업, 대기업을 준비하는 취준생에게는 3개월씩 2번의 기회가, 중소, 중견기업을 준비하는 취준생들에게는 연중 상시 입사지원의 기회가 주어진다.

상반기: 스프레드형 입사지원

전략적으로 상반기에는 스프레드방식, 하반기에는 타케팅 방식으로 전략을 세우는 것이 일반적인 취업전략이다. 상반기에는 월 100개씩, 기업규모와 관계없이 300개 이상의 입사지원을 목표로 하는 것이 좋다. 물론 이때는 스펙의 보완과 함께 지원도 이루어져야 한다. 대부분 영어와 인적성검사 공부를 하면서 지원을 하는 취준생들이 많은데, 이럴 경우 상반기는 절대적인 공백기간으로 남게 되기 때문에 이력서에 남을 스펙을 쌓으면서 공부를 병행하는 것이 더 나은 전략이다. 많은 수의 기업에 지원을 하려면 직무목표가 명확해야 하고, 표준서식의 자소서를 10개 이상의 케이스로 준비되어야 한다.

하반기: 타겟팅형 입사지원

상반기에 합격하여 하반기를 준비하지 않는 것이 가장 좋은 일이지만, 하반기 공채도 노려야 한다면 타겟팅 전략이 필요하다. 물론, 상반기 과정을 통해서 스펙 업그레이드가 당연히 되어 있어야 한다. 타겟팅은 우선 산업군과 기업의 규모를 정하고, 한 달 평균 30개 이상을 목표로 해야 한다. 만약, 30개에 도달할 수 없는 직무라면, 회사의 규모를 조금 낮추어서라도 30개의 수를 채우는 것이 바람직하다. 그래서 상반기와는 달리 적어도 100개 이상의 공채에 지원하는 것이 바람직하다.

지원해야 합격도 한다.

취업컨설팅 상담을 하면서, 오래 동안 구직활동을 하는 취준생들을 보면 공채시즌별 30개 내외의 지원량을 보이는 사람들이 많다. 중소기업도 지원했다고 하지만, 그 중소기업들도 사실상 들어가기 어려운 좋은 기업에 해당하는 기업인 경우가 많았다. 아무리 좋은 대학, 인기있는 학과를 나온다 하더라도, 30개 내외의 지원을 통해서 최종합격이라는 성적을 받아 들기는 어렵다. 물론 단 몇 개만 지원을 했는데도 떡하니 대기업을 들어가는 친구들도 존재한다. 하지만, 그들의 행적을 따라가 보면, 그만큼 재학시절 스펙에 공을 기울였다든가, 아니면 상대 경쟁률이 약한 (무기)계약직 입사인 경우도 존재했다. 지원을 하지 않는데, 합격할 수는 없다. 운명적으로 당신의 회사가 당신의 입사지원을 기다리고 있는데, 당신은 경쟁률이 높아서 미리 포기하거나, 더 나은 회사를 가고 싶어서 지원을 하지 않는 경우도 있다. 스펙을 쌓는 것도 좋지만, 주어진 기회를 놓치고 싶지 않다면 최선을 다해서 많은 회사에 지원하는 노력도 필요하다.

떨어졌던 회사에 다시 지원을 해도 될까요?

대기업, 영원한 합격도 영원한 불합격도 없다.

대기업의 상반기/하반기/수시채용에 있어서 동일한 직무를 신입사원으로 채용하는 경우는 많다. 여러 계열사 간의 중복지원을 막는 회사도 있지만, 기간상의 이유로(상반기, 하반기, 또는 몇 개월 후)의 입사지원을 막는 경우는 없다. 상반기에 불합격했다고 하여, 하반기에 반드시 떨어진다는 것을 의미하지 않는다. 때로는 지원 경쟁자들 사이에서 당신의 스펙이 경쟁우위를 발휘할 때도 있다. 또는 이와 반대로 상반기에는 서류/인적성/면접까지 갔는데, 하반기에는 서류탈락을 하는 경우도 허다하다. 이는 그 때 지원자들의 현황에 회사의 사정에 따라서 달라질 수 있는 변수들이 수 없이 많기 때문이다. 따라서 상반기에 면접까지 갔다고 아쉬워하거나 자만하거나, 반대로 상반기에 떨어졌다고 해서 자포자기할 필요도 없다.

중소기업, 넣을까 말까 고민할 시간에 지원해라.

중소기업의 경우, 채용공고가 올라왔다, 내려갔다 반복되는 경우가 많다. 아마도 채용되었던 사람이 조기퇴사를 해 버렸을 수도 있고, 원하는 사람을 채용하지 못했을 수도 있다. 하지만 이 경우에는 한 번 탈락한 사람이 다시 서류합격하는 경우가 거의 없다. 대기업과 달리 중소기업에서는 경쟁자의 현황보다는 자신의 회사에서 선호하는 학력, 경력, 경험, 자격, 성별이 확실한 편이다. 때문에 과거에 지원했던 지원자에게 면접제의를 하는 경우가 있을 지언정, 새로이 올린 채용공고에 과거에 불합격자가 합격하는 사례는 찾아보기 힘들다. 그럼에도 불구하고, 채용포털에서 단 한 번의 클릭으로 입사지원을 할 수 있다면, 고민전에 그냥 클릭(지원)하는 것이 답이다! 인사담당자는 조금 귀찮고 괴로울 수 있지만, 혹시 모르지 않는가? 그 사이에 서류검토 담당자가 바뀌었 을지 말이다. 채용시장에는 우연과 같은 인연이 참으로 많기 때문에 작은 확률도 구태여 버릴 필요는 없다.

47

외국계 회사는 정말 자율적이고, 편한 분위기 인가요?

외국계기업에서 당신이 기대하는 바는 무엇인가?

우리가 일반적으로 외국계기업을 생각하면, 수평적 문화, 소통의 문화, 조직보다 개인에 대한 관대함, 다양한 복리후생, 한국과 본국의 동시휴일, 특히, 칼 퇴근 문화를 기대한다. 하지만 아쉽게도 이러한 기대를 만족시키는 회사는 예상보다 많지 않다. 대한민국내의 모든 기업들을 대상으로 보았을 때, 외국계 기업이 개방적 문화형태를 취하고 있는 것은 부인할 수 없다. 하지만 외국계기업도 한국기업임을 잊지 말아야 한다. 외국계 기업의 면접을 다녀와서, 또는 취업을 한 이후에 생각보다 보수적인 문화와 또는 한국 조직문화의 병폐가 그대로 존재하고 있음에 구직자들도 소스라치게 놀라는 경우가 많다. 심지어는 더 심하다는 의견을 내놓는 구직자들도 있다. 이러한 근본적인 원인은 외국계 기업들의 현지화 전략이 더 한국스러운 회사로 만들고 있기 때문이다.

한국기업보다 못한 외국계기업도 있다.

경영학에서 해외경영전략은 "본국중심의 경영"과 "현지화 중심의 경영" 두 가지 체제로 구분할 수 있다. 한국과 일본, 중국 등 동아시아지역의 기업들은 대체로 본국중심의 경영체제를 유지하려고 한다. 그래서 대부분의 해외법인 대표이사를 본국 임원이 파견되는 경우가 흔하다. 그리고 본국의 조직문화를 녹여 내기 위해서 노력한다. 일본계 국내법인의 경우 노동중심의 문화이고, 근무강도가 높은 편이다. 미국계 국내법인의 경우, 미국의 성과주의 문화와 한국의 노동문화가 결합되어, 높은 경쟁구조와 노동강도를 요구하는 경우가 흔하다. 때로는 국내법인보다 더 힘들다는 이야기가 등장하곤 하는데, 미국시간에도 일하고, 한국시간에도 일하는 웃고픈 일들도 간간히 발생한다. 그렇기에 새벽에 출근하거나 늦은 밤까지 야근하는 경험을 할 수밖에 없다. 물론 굴지의 글로벌 기업인 코카콜라, MS, 구글과 같은 대형기업은 글로벌 스탠다드를 추구하기 때문에 그들 만의 조직문화를 추구한다. 그러나 철저하게 현지화 된 외국계기업은 한국기업과의 큰 차이를 못 느끼는 경우가 대부분이다.

외국계기업의 개념보다, 직업적 비전이 우선이다.

일반적으로 유럽계열의 회사들이 우리가 알고 있는 글로벌 기업, 외국계기업에 대한 이상과 부합하는 경우가 많다. 주로 스위스, 덴마크, 프랑스, 독일, 영국 등의 기업들이 높은 수준의 연봉과 복지를 가지고 있다고 알려져 있다. 다만, 여기에서도 예외는 존재한다. 제조(공장)를 중심으로 운영되는 법인의 경우에는 연봉과 처우는 평균(평균이하는 아니나 생각보다 큰 연봉을 기대하기는 어려움), 복지와 조직문화는 한국과 유사한 경우가 많다. 주로 서울보다는 경기, 충청권역에 많이 포진되어 있다. 유학생 출신이라고 하여, 외국계 기업만을 고집하는 사람들도 적지 않다. 요즘 추세는 외국계 기업들도 유학생 스펙을 유리한 조건이라고 보지 않는다. 인력풀 자체가 풍부하기 때문에 영어를 할 수 있는 수도권대학 출신자들도 외국계 기업으로의 입직이 많은 편이다. 필자가 자주 언급하는 이야기이지만, 외국계, 대기업을 구분 짓기 보다는 자신의 직업적 비전과 직무선택이 무엇보다 중요한 취업의 기준으로 삼아야 한다.

48

헤드헌팅 회사에서 자꾸 전화가 옵니다.
괜찮은 회사일까요?

이력서 공개의 어두운 이면

채용플랫폼에 개인의 이력서를 오픈(열람설정)해 놓으면, 가장 먼저 전화 오는 곳은 블랙리스트의 허위 구인기업일 확률이 높다. 금융 대기업 또는 자산관리사를 칭하며, 인사직, 마케팅직, 기획직 등 면접의 기회가 협소한 지원자들을 대상으로 연락이 해온다. 아마도 그들은 취업시장에서 누가 가장 간절한지를 잘 알고 있는 것 같다. 공백기간이 길고, 유학생들이 그들의 타겟이 되는 경우가 흔하다. 그들은 면접을 빌미로, 금융상품 교육을 하고, 우리를 영업채널의 대상으로 활용하곤 한다. 이러한 경우를 제외하면, 헤드헌터에게서 연락이 오는 경우가 종종 있다. 그러나 신입사원들이 헤드헌팅의 대상이 되는 경우는 극히 드물다. 회사가 헤드헌팅을 사용한다는 것은 인재를 뽑기 위해서 연봉의 10-15%를 수수료로 내겠다는 의미인데, 채용공고만 올려도 지원자가 쌓이는 상황에 비싼 비용을 지불 하면서까지 헤드헌터를 쓰는 경우는 거의 없기 때문이다.

기업이 헤드헌팅 서비스를 이용하는 이유

고비용에도 불구하고, 기업에서 헤드헌팅 서비스를 이용하는 이유가 있다. 첫째, 구인기업에 대한 업계소문이 너무 안 좋은 경우이다. 면접리뷰, 기업리뷰 사이트의 평가/후기가 너무 안 좋아, 좀처럼 인재채용이 쉽지 않은 경우이다. 이 때, 헤드헌터가 중간에 연결고리가 되어 회사에 대한 오해를 풀어주기도 하고, 설득을 하기도 하고 한다. 둘째, 기업이 직접 채용하기에는 회사의 규모가 너무 작거나, 지원자들을 유인할 만한 복지조건을 갖추지 못했거나, 거리가 멀거나, 일반적으로 기피하는 특별한 업무를 부가적으로 해야 하는 경우이면서, 회사 또한 질 높은 수준의 인력을 원할 때이다. 이 때, 헤드헌터들은 개인적인 직업의 비전과 회사의 성장성에 초점을 맞추어 설득하려고 한다. 이러한 이유들을 꼭 부정적으로 바라볼 필요는 없다. 어느 회사조직을 가더라도 불만은 있고, 불편한 점은 발생하기 마련이고, 그러한 불편한 점을 넘어서 당신에게 매력적인 무엇이 있다면 당연히 지원해 볼만할 것이다. 때로는 헤드헌팅을 통해서 채용업무 자체를 아웃소싱하는 기업들도 존재한다. 예전부터 외국계 회사들이 이러한 채용시스템을 쓰는 경우가 종종 있었는데, 일정기간(보통은 3개월 또는 1년)을 파견회사를 통해서 근무를 하고, 근무평가에 따라 정규직을 전환하는 경우도 있다.

괜찮은 회사인지는 본인이 판단해야 할 몫

결국 헤드헌팅 채용방식은 구인기업과 구직자간의 정보 불균형에서 발생된 채용방식으로 이에 중추적인 역할을 하는 것은 헤더헌터이다. 채용방식이 헤드헌팅이든, 공개채용이든 중요한 것은 아니다. 구직자가 주어진 정보를 스스로 분석하고, 지원여부를 결정함을 써 취업의 기회를 넓힌다는 점에서 의미를 갖는 것이다.

49

과연 저에게 맞는 좋은 직장에 대한 기준은 무엇일까요?

당신에게 좋은 회사의 기준은 무엇인가요?

취업상담을 하다 보면, "좋은 직장 가고 싶습니다."라는 말을 흔하게 듣는다. 그래서, 좋은 직장의 기준이 무엇이냐고 물어보면, 대답 또한 한결같다.

> "월급이 평균 이상이 되면서, 규모(인원수) 또한 너무 작은 기업이
> 아니었으면 하고, 복지후생이 좋아야 하며, 회사 분위기 자유롭고,
> 너무 멀지 않은 곳이고, 오래 다닐 만한 회사요. 사실 저는 그다지
> 눈이 높지 않아요. 대기업이 아니어도 상관없어요."

이런 직장 있으면 필자도 다니고 싶은 마음이 들것이다. 그럼에도 불구하고, 놓치고 있는 좋은 직장의 키워드가 있다. 바로 "커리어의 성장성"

이다. 개인의 성장이 없이는 노동시장에서의 경쟁력도 상실하게 되고, 반대로 회사가 어려움에 처해졌을 때, 퇴출(해고) 리스트에 오를 수도 있다. 그리고 위에서 말하는 좋은 직장들은 좋은 인재를 데리고 있고 싶어할 텐데, 겉 모습만 보고 선택한 인재들이 그들에게 좋은 인재로 보일리는 만무하다. 대부분의 회사들이 좋은 직장의 기준을 충족할 수도 없을뿐더러, 개인들도 그런 회사를 만나기는 참으로 어려운 일이다. 따라서, 자신이 필수적으로 가져가야 할 직장의 조건들을 2~3개정도 정하는 것이 현명한 선택으로 이어지게 될 것이다. 물론 노동시장에서의 개인의 경쟁력에 높다면, 구직자가 사수할 수 있는 좋은 직장의 조건은 더 늘어날 수 있다. 필자가 생각하는 좋은 직장의 조건을 몇 가지 정리해 보았다.

[직무의 연관성/성장성] 자신이 설계한 전문분야, 즉 직무는 최우선적인 가치로서 고수해야 한다. 본인은 해외마케팅 직무를 하고 싶은데, 해외물류관리 직무에 합격하게 되었다고 가정해 보자. 이 회사가 대기업이고, 직무순환이 가능하다고 판단될 경우 입사를 하는 것도 하나의 대안이 될 수도 있다. 하지만, 이 기업이 물류 전문기업이고, 해외마케팅 직무도 없는 경우 입사를 하지 않는 것이 장기적으로 본인 커리어에 도움이 될 것으로 판단된다. 한 번 틀어진 커리어를 다시 잡는 것은 결코 쉬운 일이 아니기 때문이다. 실제 이러한 상황이 취업컨설팅을 하던 중 몇 번 발생한 적이 있었는데, 대기업이라고 하더라도 직무 연관성이 떨어지는 경우 입사하는 것을 반대했었다.

[지역/출퇴근의 경로-거리] 인천에 사는 사람이 대중교통으로 경기도 판교나 서울북부권역으로 출퇴근하는 것은 매우 고된 일이다. 특히, 어중간하게 강서에 사는 사람이 강남/강북으로 출퇴근하는 것은 선택장애를 일으키기도 한다. 이미 기혼자이거나, 부모님 집에서 살아야만 하는 사람, 자취를 선호하지 않는 사람 등 기존의 주거지역을 벗어나고 싶지 않다면 많은 입사 기회를 포기해야 한다. 현재 생활권 지역에서 입사지원의 기회가 많다면 구태여 다른 지역까지 볼 이유는 없지만, 대부분의 신입사원들은 자취까지 감수해야 하는 경우가 종종 발생한다. 통근시간이 왕복 3시간이 넘어가면 출퇴근의 피로감으로 장기근무가 어려운 경우가 많이 있다. 따라서 취업전략을 구축할 때, 통근이 가능한 지역을 미리 설정해 놓는 것도 필요하다.

[복지후생] 우리는 법정 복지후생이 선진국의 수준으로 좋아지고 있는 시대에 살고 있다. 그렇기에 과거에 비하여 복지후생이 좋은 회사와 나쁜 회사의 격차는 그리 크지 않아 보인다. 인사분야에서 복지후생의 개념은 매우 크다. 다양한 휴가제도, 안식년제도, 해외여행의 기회, 어린이집 운영, 카페테리아 등 파격적인 복지가 있다면 입사매력을 올리는 좋은 옵션이 된다. 하지만, 옵션은 옵션일 뿐, 여러분들에게는 복지후생이 입사의 필수조건이 되지 않도록 주의해야 한다. 파격적인 복지후생을 장기적으로 제공하는 회사는 생각보다 많지 않으며, 복지후생 제도가 있더라도 집행되지 않고 형식적/공식적 제도로만 유지하는 회사도 아직은 많다. 필자는 화려한 복지제도 뒤에 숨겨진 엄청난 노동강도 보다, 법정 복지

라도 잘 지켜서 워라밸을 실현시켜주는 회사가 더 매력적이지 않나 생각
된다.

[근무시간] 주5일 40시간, 하루 8시간의 근로시간이 잘 지켜진다면 근무
시간은 더 이상 근로자들의 이슈로 나타나지 않을 것이다. 문제는 관행
적 야근이 항상 문제를 일으킨다. 이런 관행적 야근이 있는 회사들은 몇
가지의 테스트를 통해서 간단히 알 수 있다. 첫째, 온라인 기업후기 사이
트에서 관행적 야근이 있다면, 많은 이들이 화끈하게 글을 올려 놓았을
것이다. 가장 손 쉽게 확인할 수 있는 부분이다. 둘째, 입사 전 연봉협상
을 할 경우, 고정연장수당이 급여에 포함되어 있는 지의 여부이다. 일정
시간 연장수당이 연봉에 포함되어 있다면 100%는 아니지만, 야근관행
이 존재하고 있을 확률도 존재한다. 셋째, 합격 후 인사담당자에게 평상
시에 직원들이 몇 시정도 퇴근하지는 물어보자. "빨리 가는 직원도 있고,
조금 늦는 직원들도 있어요. 자기 일 다 마쳤으면 알아서 가면 됩니다."
라고 이야기한다면, 관행적 야근은 아니어도 눈치를 보면서 퇴근하는 상
황이 발생하는 기업일 확률이 높다. 만약 "저희는 퇴근시간 후 5분 안에
다 퇴근하고, 전등도 다 소등되요."라고 한다면 진정 칼퇴근의 문화를 가
진 회사일 확률이 높다. 그럼에도 불구하고, 근무시간의 경우에는 부서
별 차이가 워낙 큰 만큼 직접 입사를 해서 겪어보지 않고는 쉽게 미리 알
수는 없다는 점을 양지해 주기를 바란다.

[급여/연봉] 신입사원도 연봉협상을 할까? 회사가 고급인력을 유입/유지

할 수 있는 경쟁력이 있다면 신입사원 연봉은 (내규로서)고정이다. 하지만, 그렇지 않다면 희망연봉에 따라서, 직무에 따라서, 고용시장의 시장가치에 따라서, 연봉금액은 다소 탄력적이다. 특히 중소기업의 경우, 기본임금의 수준이 낮아서 스펙 경쟁력 있는 구직자들을 유인할 수 없기 때문이다. 기업의 인사적으로는 별로 바람직한 방법은 아니지만, 현실의 세계에서는 어쩔 수 없는 일이다. 그럼에도 불구하고, 여러분들은 연봉이 조금 많다고 해서 취업하고, 적다고 해서 포기하는 구직자가 아니었으면 한다. 경력직에게는 연봉이 충분히 이직의 원인이 될 수 있지만, 신입사원은 회사로 하여금 얻어야 할 것이 더 많기 때문이다. 대부분의 신입사원들이 3년 이내에 이직을 하는 만큼 커리어적으로 더 나은 경험을 쌓는 것이 초봉보다 더 나은 가치를 갖는다.

50

취업전문가들에게 어떤 도움을 받을 수 있을까요?

마지막의 주제는 취업전문가에게 어떻게 도움을 받을 것인지에 대한 이야기로 마무리하려고 한다. 이는 지극히 주관적인 관점과 그 동안 상담했던 취업준비생들의 리뷰를 바탕으로 재해석한 것이므로 참고로만 보아주기를 바라며, 특정기업의 영업활동을 방해하고자 하는 의도는 없음을 알린다.

[고용노동부 고용지원센터]
무료상담을 받는다는 점과 폭 넓은 직업을 대상으로 컨설팅을 한다는 점이다. 직업심리검사를 통해서 결과지에 부합하는 직업을 권유하는 경향이 있다. 일반적으로 대졸자 취업에는 적합하지 않아 보이지만, 고졸 취업자 또는 노령취업자, 특별한 경력이 없는(전문성이 낮은) 경력자, 경력단절 여성 근로자 등 이들에게 적합한 일자리 정보를 제공해 주기도 한

다. 고용노동부에서 주관하는 교육프로그램의 연계, 취업프로그램과의 연계성은 뛰어난 편이다. 장기간 실업 상태에 놓여 있거나, 40대 이상으로 구직여건 좋지 않은 구직자들에게는 큰 도움이 될 것이다.

취업상담원이 대졸자 취업시장에 대한 전문성이 떨어지는 편이어서 공기업, 금융기업, 대기업 등과 같이 대졸자의 전략적인 카테고리에 대한 이해와 감각이 부족하다. 대졸자 취준생이 특정 산업분야의 공채에 대한 전략을 얻으러 간다면 헛수고에 가까울 것이다. 따라서, 대졸자 취업준비생들이 자발적으로 이 곳을 찾아가는 일은 극히 드문 일이 될 것이다.

[대학교 취업지원실]

대학과 정부에서 지원을 하기 때문에 무료서비스를 받을 수 있고, 나름대로의 기업의 공채시스템에 대한 이해와 정보력도 갖추고 있다는 것이 가장 큰 강점이다. 취업상담원이 30대라면 취업스킬(자소서, 면접) 중심, 50대라면 직무설계 중심으로 취업컨설팅 서비스를 받을 수 있다. 학교에서 진행하는 취업프로그램에 대한 안내를 받을 수 있으므로, 정기적으로 방문하여 행사정보를 업데이트를 할 필요가 있다.

취업상담센터 상주 컨설턴트는 매우 낮은 연봉을 받는다. 딱 그 만큼의 수준에서 밖에 일을 할 수 없는 상황이다. 학생들의 숫자가 많고, 심층적인 상담자체가 불가하다. 피담자의 이력서를 보면서, 객관식으로 방향을 정해주고 선택을 강요할 수밖에 없는 것이다. 심층상담보다 직업심리검사지에 의존하기 때문에 직업설계의 한계성이 존재할 수밖에 없다. 일부 학생들은 그들의 말을 믿고 취업전략을 설정했다가 낭패를 보는 경우도 비일비재 했었다.

[헤드헌터 출신 취업컨설턴트]

신입사원들의 채용시장보다 경력직의 이직시장에 대한 정보가 더 많은 사람들이다. 따라서 직무설계에 있어서 성장 방향성을 잡는데 이들보다 나은 사람들은 찾기는 어렵다. 회사내의 성공은 아니지만, 적어도 노동시장에서의 경쟁력을 갖추는 정보를 잘 알고 있기 때문이다. 때문에 직무상의 미래비전/전략을 설계할 때, 큰 도움이 될 것이다. 단, 이들의 클라이언트들에게 취업이 될 것이라 기대는 하지 말아야 한다. 신입사원을 헤드헌팅 하는 경우는 매우 드문 일이다.

일부 컨설턴트들은 점쟁이처럼 이야기를 늘어놓는 사람들이 있다. 단지, 당신의 이력서만을 보고, 연봉, 회사, 조건 등을 미리 정해줄 수도 있다. 일부 구직자들 중에는 이러한 말들이 맞는 말처럼 들리고, 사이다 같은 발언이라 칭송하는 경우도 있지만, 보다 더 나은 기업에 갈 수 있는 사람, 보다 눈을 낮춰야 하는 사람들에게는 독이 될 수도 있다. 취준생은 '회사를 선택하는 자'가 아닌 '회사의 선택을 받는 자'임을 잊지 말자.

[서비스 강사 출신 취업컨설턴트]

면접에서의 이미지 메이킹, 화술, 직장에서의 매너 등에 대한 전문성을 가진 사람들이다. 평소 긴장을 많이 하거나, 대인관계에 있어서 낯을 많이 가리는 사람들에게는 큰 도움이 될 것이라 믿는다. 이는 나중에 회사에서도 필요한 트레이닝이다.

서비스 계열의 전문가이다 보니, 취준생들보다 취업에 대한 정보나 감각이 떨어지는 컨설턴트들이 많이 있다. 일부의 취준생들은 이런 점에서 그들과의 상담을 회피하는 경향을 보이기도 한다.

[취업포털 출신 취업컨설턴트]

대기업 공채 시스템, 프로세스에 대해서는 이들 보다 넓은 지식을 가진 사람들도 없을 것이다. 그리고 취업관련 업계에서 일을 하다 보니, 꿀 같은 정보들도 꽤나 가지고 있다. 기업의 채용시스템을 알기 보다는 오래동안 취준생들로 부터 집합된 정보를 활용하는 사람들이 많은 편이다.

기업의 채용시스템을 이해하고, 강의하는 데에는 강점을 가지지만, 기업 채용담당자들에 대한 마인드까지 이해한다고 보기에는 어려움이 있다. 또한 기업 내부에서의 직업적 성공도 중요한 것인데, 이 부분에 대한 약점을 가지고 있다고 판단된다. 앞서 설명했지만, 이 부분이 헤드헌터 출신 취업컨설턴트가 잘하는 부분이다.

[대기업 출신-취업컨턴트]

현재는 취업시장에서 이들의 활동은 현저하게 줄어들었다. 취업시장이 과열화 되면서, 대기업 출신이라는 타이틀만으로는 살아남기 쉽지는 않았을 것이다. 하지만, 취업에 관련한 책과 인터넷 정보를 통해서, 좋은 교안으로 강의를 잘 하시는 분들은 아직도 존재한다.

일부 대기업 출신자들은 자신들이 대기업에 합격했다는 경험만으로 취업컨설팅 마케팅을 하는 경우도 있었다. 그 시절 대기업에 들어가는 것은 그다지 힘든 일이 아니었다는 것을 지금의 친구들은 모르기 때문일 것이다. 대기업에 합격한 것이 아니라, 대기업에서 성공하신 분들이 지금의 어려운 후배들을 이끌어주었으면 더 좋지 않을까 생각된다.

[특정산업/직무 출신 취업컨설턴트]

특정 산업/직무에 대한 베테랑들이 취업컨설팅 시장을 뛰어드는 경우가 종종 있다. 대부분 부업으로 활동하지만, 학원과 연계해서 전문강사로 초빙되어 강의 중심으로 활동하는 이들도 존재한다. 이들을 통해 산업/직무에 대한 다양한 스토리를 들을 수 있고, 필요 역량, 직업적 비전 등에 대한 정보를 얻을 수 있다. 그러나 해당 산업/직무가 아닌 경우, 기업별 채용프로세스 및 일반적인 취업전략이 약한편이다. 또한 자신들이 알고 있는 것만이 취업에서 제일 중요하다는 주장이 강해, 생애직업설계, 이미지메이킹, 자소서 등에 대한 전략을 등한시하는 경향을 보인다.

[인사출신 취업컨설턴트]

특정산업의 인사출신 컨설턴트라면, 이 보다 더 좋을 수는 없을 것이다. 채용프로세스의 매커니즘을 잘 이해하여, 취업전략적 측면의 접근이 가능하다. 개인의 능력차가 있기는 하지만 자소서, 면접전략 또한 포인트 코칭이 가능하다. 무엇보다 기업내부에서의 성공과 노동시장에서의 가치를 잘 이해하고 있기에 직무설계의 측면에서 큰 도움이 된다.

다만, 특정산업과 HR출신이라는 결합된 컨설턴트를 찾는 것이 좀처럼 쉽지 않아 선택의 폭이 매우 좁은 편이다. 취업컨설팅 시장에서 눈 씻고 찾아봐도 10개 기업이 안되고, 공식적인 활동을 하는 분들이 20명이 넘지 않는다. 희소가치가 높기 때문에 이들의 컨설팅 비용 또한 매우 고가에 형성되어 있다. 혼자서 해보다가 절망의 늪에 빠졌을 때 상담을 받아본다면 큰 도움이 되지 않을까 생각된다.

지난 10년간 취업컨설팅을 운영하면서, 다양한 구직자와 취업전문가들을 만나왔다. 스스로 취업전략을 구상하고, 진취적인 활동을 이어가는 취업준비생이라면 다양한 정보를 얻어낼 수 있는 전문가를 자주 만나기를 바란다. 취업특강, 취업스터디를 적극적으로 참가하면서, 자신의 취업계획을 탄탄하게 만드는 양질의 정보를 얻을 수 있을 것이다. 이와 반대로 취업의 방향을 잃고, 간절함만 남아 있다면 1:1 심층상담을 받을 수 있는 취업컨설턴트 또는 취업상담사를 찾아가기를 바란다. 당신의 이야기를 쏟아내는 것만으로 충분한 힐링을 받을 수 있고, 당신을 위한 새로운 길을 안내해 줄 수도 있을 것이다. 그럼에도 불구하고 잊지 말아야 할 것이 있다. 취업은 당신의 직업적 인생의 시작이며, 그 중대 기로의 선택과 책임의 무게는 오롯이 당신의 몫이 라는 점이다. 많은 이들에게 다양한 도움을 받을 수 있지만, 결국 스스로 헤쳐 나아가야 한다. 이 책에 담긴 이야기도 당신을 위한 하나의 도움이 되기를 바랄 뿐이다.

에필로그

당신의 인생은 성공적 입니까?

삶을 살아가면서 스스로 수 없이 되짚어보는 질문이자, 멘티들의 흔한 질문은 '성공의 기준이 무엇인가?'이다. 그 때마다 성공의 기준은 과거시점의 과정보다 현재 삶의 행복도에 비례한다고 답을 내놓았었다. 과거가 어찌되었든 현재 만족할 만한 위치에 있다면, 성공이라고 할 수 있다는 논리인 것이다. 우리가 동경하는 성공신화의 대부분이 어려운 역경을 이기고 만들어낸 결과이기에 지극히 당연해 보이는 기준이다. 그러나 사람들은 자신에게 주어진 환경에 따라 각자 성공의 기준을 만들어내기에, 성공을 측정할 수 있는 기준은 사실상 존재하지 않는다. 나는 '내 삶에서 하고싶은 도전을 마음껏 할 수 있었는가?'를 성공의 기준으로 판단한다. 지금의 편안함과 타협하기 보다 늘 새로운 도전을 갈구해왔다. 이 책 또한 새로운 도전 중의 하나였고, 앞으로의 인생에서 성공의 기억으로 남게 되길 희망한다.

나를 응원하는 사람들에게

우선 어려운 역경도 기어이 이겨낼 수 있음을 몸소 보여주신 세상에서 가장 강한 나의 어머니와 늘 조언과 위로를 아끼지 않는 형에게 감사의 말씀을 드린다. 그리고 늦은 나이까지 공부와 새로운 도전에 언제나 지지를 보내주는 아내 함민희, 나의 사랑스러운 자녀 민혁, 민아, 찬혁에게 고마움을 전하고 싶다. 그리고 다음 생에도 친구로 꼭 다시 만나고 싶은 양정석, 영원한 스승 최영희 선생님, 김성환 교수님, 좋은 말씀을 아끼지 않았던 정기수, 정학범, 홍성식, 금종석 선배님, 끊임없는 공감으로 곁을 지켜준 함기민, 마성균, 박창현, 서효영, 장현우, 고은정, 김민경, 손예진, 이헌호, 오원규, 장형원, 배정훈, 임성욱님께도 감사를 전하고 싶다.

다음 작품은 '지식형 소설'로 만나요.

30년전, Goldratt, Eliyahu은 "The Goal"이라는 경영서적을 발간하였다. 소설과 같은 포맷을 가지고 있지만 생산관리, 경영혁신의 주제로 다루고 있어 독자들도 즐겁게 '경영전략'을 배울 수 있는 세계적인 베스트셀러이다. 이 책에 영감을 받은 나는 기업의 인사팀 이야기를 소설과 같은 포맷으로 만들고 싶었다. 기업에서 실제 발생하는 다양한 에피소드를 옴니버스 형식으로 만들어 누구나 쉽고, 흥미롭게 HR마인드를 가질 수 있도록 말이다. 이제 그 도전을 시작할 시간이 되었다.

독자들의 응원을 기대하며

2022년 6월

임 연 빈

취업하는 MZ세대, 채용하는 X세대

발행일   2022년 7월 15일
지은이   임연빈
이메일   boripapa2009@gmail.com
SNS   blog.naver.com/winnersjob

펴낸곳   주식회사 부크크
출판사등록   2014.07.15.(제2014-16호)
주 소   서울특별시 금천구 가산디지털1로 119 SK트윈타워 A동 305호
전 화   1670-8316
이메일   info@bookk.co.kr

ISBN   979-11-372-8915-4

디자인   유니꼬디자인